리듬을 타고
쉽게 배우는
영단어 1000

초판 1쇄 인쇄 2008년 10월 1일
초판 1쇄 발행 2008년 10월 15일

지은이 나카타 겐조 · 나카타 마사노리 | **옮긴이** 양필성
펴낸이 백운철 | **펴낸곳** 동도원
편집 이병란 | **디자인** Freeism | **영업 마케팅** 이용호 | **관리** 황현주

등록번호 제21－493호 | **등록일자** 1993년 10월 6일
주소 서울시 서초구 서초3동 1550－6번지 태림빌딩 6층(137－873)
전화 (02)3472－2040 | **팩스** (02)3472－2041 | **이메일** dongdowon@paran.com
ISBN 978－89－8152－105－9 (13740)

• 잘못 만들어진 책은 바꾸어 드립니다

리듬을 타고
쉽게 배우는
영단어 1000

동도원

　영어 단어를 외울 때 눈으로 읽거나 종이에 적어가면서 외우지는 않는가? 분명히 그 방법도 단어를 보고 의미를 아는 정도는 될지 모른다. 그러나 그 방법으로는 단어를 외우기까지 상당한 시간이 걸리며, 실제로 듣거나 말할 때 그다지 도움이 되지 않는다.

　그래서 이 '리듬을 타고 쉽게 배우는 영단어 1000'이 필요한 것이다. 이 책은 지금까지 시간을 투자한 것에 비해 단어가 내 것이 되지 않아 중간에 포기하고 싶은 분들을 위해 만들어졌다.

　저자들이 개발한 '다나카식 영어학습법'(KenMc Method)은 리듬에 맞춰서 영어를 듣고 발음하는 것으로 한국인에게 부족한 듣기와 말하기를 동시에 습득할 수 있는 방법이다. 이 책의 CD에는 그 획기적인 방법을 이용하여 조금이라도 쉽게 그리고 효과적으로 영단어를 외울 수 있도록 하고 있다.

① 영어의 리듬과 절묘하게 조화를 이루어 자연스럽게 영어가 머리에 들어온다.

② 예문은 최대 8개의 어휘로 되어 있어서 듣기 쉽고 외우기 쉽다.

③ 초보자도 시작하기 쉽도록 준비했다.

습득 목표로 하는 단어는 총 1000개(철자가 같아도 의미가 다른 경우에는 별도의 단어로 취급하였음)로 한정하였다. 단순하게 나열된 2000~3000개의 단어 리스트를 외우다가 도중에 좌절하는 것보다 가장 필요한 최소한의 단어를 확실하게 사용할 수 있는 것이 자신감도 생기고 좋을 것이다.

이 1000단어는 TOEIC나 각종 시험용 단어집 등을 참고로 일상회화에서 사용하는 빈도, TOEIC의 출제 경향을 독자적으로 분석하여 선택하였다. TOEIC을 기준으로 600~700점 정도의 수준에 해당한다.

이 책을 이용하는 독자 여러분이 영어 공부가 즐겁다는 느낌을 받을 수 있기를 기원한다.

나카타 겐조&나카타 마사노리

Contents

이 책을 보는 법과 CD 사용법

표제어와 예문

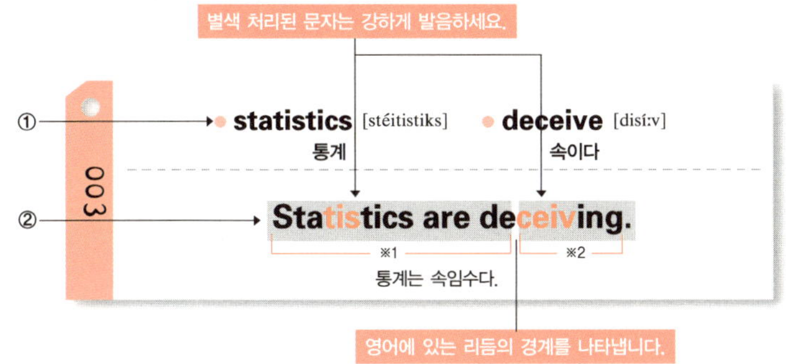

❶ 표제어 CD에서는 가장 먼저 영어 단어를 읽습니다. 시간적인 간격을 두고 있으므로 원어민이 말한 후에 따라서 발음해 봅시다. 그 다음 우리말로 단어의 뜻을 말해줍니다.

❷ 예문 예문은 2회 반복합니다. 첫 번째는 위 그림에서 회색 박스로 처리된 부분(※1과 ※2)을 하나의 단위로 나누어 발음합니다. 원어민에 이어 바로 따라 발음해 봅시다.

색이 칠해져 있는 부분은 강하게 발음하는 곳입니다. 하나의 회색 박스마다 강하게 발음하는 곳(별색 처리된 철자)이 반드시 한곳 포함되어 있습니다.

하나의 단어를 구분하여 발음하면 혼란스럽지 않을까 걱정할지 모르지만, 실제로 이 방법으로 외우면 듣기나 말하기의 능력을 향상시킬 수 있다는 것이 이미 증명되었으므로 열심히 따라해 보세요. 단어와 그 의미를 1대 1로 외우는 것만으로는 실제로 도움되지 못합니다. 보다 실천적인 방법으로 연습해 봅시다.

두 번째는 자연스럽게 리듬(강약)을 타면서 한번에 발음합니다. 첫 번째에서 연습한 리듬에 신경을 쓰면서 원어민을 따라 발음해 봅시다.

이 책에는 1일(50문장)마다 연습문제가 실려 있습니다. 본인이 어느 정도 암기를 했는지 확인하기 위해서라도 꼭 문제를 풀어 봅시다.

'리듬 단위와 리듬 패턴'의 비밀

리듬 단위와 리듬 패턴에 의한 연습은 한국인의 발음 구조를 의식적으로 거부하고 영어다운 리듬을 귀에 익혀서 자연스런 영어를 말할 수 있도록 하기 위한 방법입니다.

이 책에 수록되어 있는 013의 문장을 예로 들어 봅시다.

I postponed my departure.

먼저 이 문장을 발음해 봅시다. 문자로 영어를 배운 사람은

I >postponed >my >departure.

라고 "〉"의 기호로 나누어 한 단어 한 단어를 발음하거나 어느 정도 계속하여 연습하더라도 동사와 목적어 사이에 간격을 두어

I postponed >my departure.

라고 발음하려고 합니다. 그러나 이러한 발음 방법으로는 아무리 개개의 단어의 발음이 올바르더라도 현지인에게는 대단히 듣기 어렵고, 경우에 따라서는 들리지 않는 영어가 되어 버릴 수도 있습니다.

현지인이 말하는 영어의 리듬에 따라 발음하려면 다음과 같이 나누는 것이 자연스럽습니다.

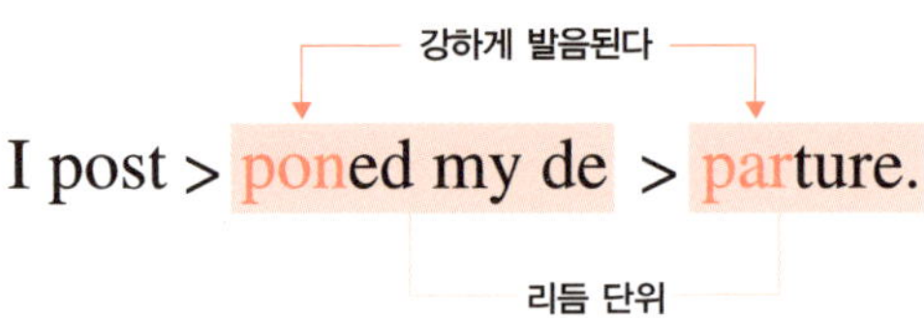

　영어는 강하게 발음하는 곳 직전까지가 하나의 단위로서 리듬이 만들어집니다. 이 단위를 '리듬 단위'라고 합니다. 이 문장에서는 "poned my de" "parture"가 리듬 단위입니다. "I post"는 강하게 발음하는 부분이 포함되어 있지 않기 때문에 "반 단위"로 부릅니다.

　강하게 발음되는 것은 고유명사나 동사 등 이 문장에서 중요한 의미를 담당하고 있는 단어입니다.

　단어는 반드시 악센트의 단위가 결정되어 있으므로 그곳이 문장 속에서도 '강하게 발음되는 부분'이 됩니다. 위의 문장에서 말하면 postpone의 제2음절의 "pone"과 departure의 제2음절의 "par" 부분입니다.

　이 책의 CD에는 모든 예문을 이 리듬 단위로 나누어 읽고 있으므로 현지인이 발음하는 것과 같은 자연스런 영어의 리듬을 몸에 익힐 수 있습니다.

　'리듬 패턴'이란, 영어의 음절을 단위로 하여 강약과 고저를 기호화한 것을 말합니다. 기호화함으로써 영어의 리듬을 단순화시킬 수 있고, 그 리듬 패턴에 맞추어 영어를 발음하면 현지인이 발음하는 것과 같이 자연스런 리듬이 됩니다. 이 책에서는 리듬 패턴별로 연습을 하지는 않기 때문에 본문에는 굳이 표시하지 않았습니다.

　원어민의 발음을 주의하여 들어보면 규칙적인 타이밍으로 발음하는 것을 알 수 있습니다. 실제로 메트로놈에 맞춰서 여러 가지 영문을 발음해 보면 거의 모두가 타이밍을 벗어나지 않고 발음할 수 있음을 알 수 있습니다. 다시 말해 영어의 리듬은 음악의 리듬과 일치한다는 말입니다. 또 한 가지 중요한 것은 영어는 강약의 리듬의 조합으로 구성되어 있어 장단의 음표 조합과 매우 닮아 있습니다.

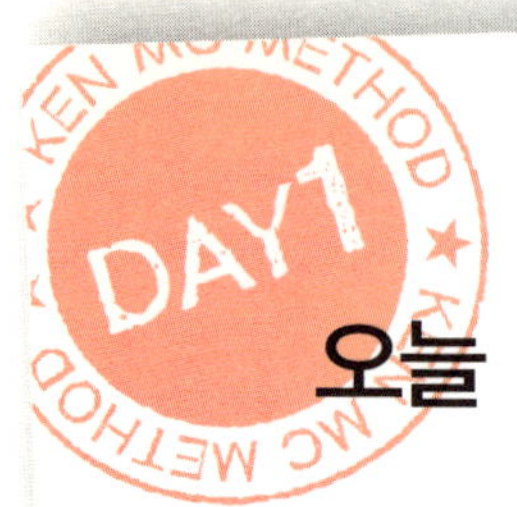

오늘 외울 **86** 단어

secret	비밀	**resignation**	사표
contact	연락하다	**hesitate**	주저하다
physician	의사	**treason**	반역
statistics	통계	**stir**	자극하다
deceive	속이다	**imagination**	상상력
mean	~할 작정이다	**acquaintance**	지인
harm	해치다	**concern**	걱정시키다
accent	사투리	**illness**	병
conscience	양심	**agree with**	찬성하다
prick	(양심 등을) 괴롭히다	**proposal**	제안
gather	(속력 등을) 더하다	**accuse**	고발하다
fact	사실	**arson**	방화(죄)
public	공공연한	**overwhelm**	질리게 하다
gambling	도박	**define**	분명히 밝히다
passion	열중하는 것	**position**	입장
scheme	음모	**aid**	도움
uncover	폭로하다	**drop**	일단 끝내다
release	석방하다	**subject**	화제
hostage	인질	**pains**	고생
tolerance	관용	**reward**	보답하다
virtue	미덕	**beg**	간청하다
postpone	연기하다	**mercy**	자비
departure	출발	**naughty**	장난이 심한
withdraw	철회하다	**annoy**	괴롭히다

wrong	그릇된	**novel**	새로운
in this regard	이 점에 있어서는	**wear**	닳아 해지다
engage	종사시키다	**flame**	불꽃
politics	정치	**consume**	태워 버리다
available	시간이 있는	**poverty**	가난
humid	습기 있는	**sin**	죄
climate	기후	**ladder**	사다리
disappoint	실망시키다	**steady**	단단히
failure	실패	**alter**	바꾸다
plain	분명한	**opinion**	의견
offend	불쾌하게 하다		
anxious	걱정하는		
safety	안전		
mess	어질러진 상태		
be ashamed of	부끄러워 하다		
vanish	사라지다		
crowd	인파		
chick	병아리		
hatch	부화하다		
waste	낭비하다		
pay	(일 등이) 수지가 맞다		
shame	부끄러움		
boast	자랑		
false	거짓의		
scent	눈치 채다		
plot	음모		
seize	붙잡다		
the initiative	주도권		

001

- **secret** [sí:krət]
비밀

What's your secret?
비밀이 무엇입니까?

002

- **contact** [ká(:)ntækt]
연락하다
- **physician** [fizíʃən]
의사

Contact your physician.
담당의사와 연락을 취하십시오.

003

- **statistics** [stətistiks]
통계
- **deceive** [disí:v]
속이다

Statistics are deceiving.
통계는 속임수다.

004

- **mean** [mi:n]
~할 작정이다
- **harm** [hɑ:(r)m]
해치다

I meant no harm.
악의는 없었습니다.

005

- **accent** [æksent]
사투리

Ben has an accent.
벤은 사투리를 쓴다.

006

- **conscience** [kɑ́(ː)nʃəns]
  양심
- **prick** [prik]
  (양심 등을) 괴롭히다

His conscience pricked him.

그는 양심의 가책을 받았다.

007

- **gather** [gǽðər]
  (속력 등을) 더하다

The bus gathered speed.

그 버스는 속력을 냈다.

008

- **fact** [fækt]
  사실
- **public** [pʌ́blik]
  공공연한

The fact became public.

그것은 공공연한 사실이 되었다.

009

- **gambling** [gǽmbliŋ]
  도박
- **passion** [pǽʃən]
  열중하는 것

Gambling is his passion.

그는 도박에 눈이 멀었다.

010

- **scheme** [skiːm]
  음모
- **uncover** [ʌnkʌ́vər]
  폭로하다

Her scheme was uncovered.

그녀의 음모가 발각되었다.

011

- **release** [rilí:s]
석방하다
- **hostage** [há(:)stidʒ]
인질

They released the hostages.
그들은 인질을 석방했다.

012

- **tolerance** [tá(:)lərəns]
관용
- **virtue** [vɘ́:(r)tʃu:]
미덕

Tolerance is a virtue.
관용은 미덕이다.

013

- **postpone** [poustpóun]
연기하다
- **departure** [dipá:(r)tʃər]
출발

I postponed my departure.
나는 출발을 연기했다.

014

- **withdraw** [wiðdrɔ́:]
철회하다
- **resignation** [rèzignéiʃən]
사표

I withdrew my resignation.
나는 사표를 철회했다.

015

- **hesitate** [hézitèit]
주저하다
- **treason** [trí:zən]
반역

They hesitated at treason.
그들은 반역을 일으키는 것을 주저했다.

Day 1

016

- **stir** [stəːr]
자극하다
- **imagination** [imǽdʒinéiʃən]
상상력

Stir up your imagination.
상상력을 자극하라.

017

- **acquaintance** [əkwéintəns]
지인

They have many acquaintances.
그들은 많은 지인들이 있다.

018

- **concern** [kənsə́ː(r)n]
걱정시키다
- **illness** [ílnəs]
병

I'm concerned about his illness.
그의 병이 걱정입니다.

019

- **agree** [əgríː] **with**
찬성하다
- **proposal** [prəpóuzəl]
제안

They agree with my proposal.
그들은 나의 제안에 찬성한다.

020

- **accuse** [əkjúːz]
고발하다
- **arson** [áː(r)s(ə)n]
방화(죄)

They accused her of arson.
그들은 그녀의 방화죄를 고발했다.

021

• **overwhelm** [òuvə(rh)wélm]
질리게 하다

They overwhelmed me with questions.
그들은 질문 공세로 나를 질리게 했다.

022

• **define** [difáin]
분명히 밝히다

• **position** [pəzíʃən]
입장

We should define his position.
우리들은 그의 입장을 분명히 밝혀야 한다.

023

• **aid** [eid]
도움

I did this without aid.
나는 이 일을 자력으로 해냈다.

024

• **drop** [drɑ(:)p]
일단 끝내다

• **subject** [sʌ́bdʒekt]
화제

Let's drop the subject now.
그 화제는 이쯤에서 끝냅시다.

025

• **pains** [péinz]
고생

• **reward** [riwɔ́:(r)d]
보답하다

My pains have been rewarded.
나의 고생은 보답 받았다.

Day 1

026

- **beg** [beg]
간청하다
- **mercy** [mə́:(r)si]
자비

I beg you for mercy.
아무쪼록 자비를 구합니다.

027

- **naughty** [nɔ́:ti]
장난이 심한
- **annoy** [ənɔ́i]
괴롭히다

That naughty boy annoys me.
저 장난이 심한 아이가 나를 귀찮게 한다.

028

- **wrong** [rɔ́(:)ŋ]
그릇된
- **in this regard** [rigá:(r)d]
이 점에 있어서는

You're wrong in this regard.
당신은 이 점에서 틀렸다.

029

- **engage** [ingéidʒ]
종사시키다
- **politics** [pá(:)lətiks]
정치

I engage myself in politics.
나는 정치에 종사하고 있다.

030

- **available** [əvéiləbl]
시간이 있는

Are you available next Sunday?
다음 일요일 시간이 어때?

Day 1

031

● **humid** [hjúːmid]
습기 있는

● **climate** [kláimət]
기후

We have a humid climate here.

여기는 다습한 기후다.

032

● **disappoint** [dìsəpɔ́int]
실망시키다

● **failure** [féiljə(r)]
실패

I was disappointed at their failure.

나는 그들의 실패를 듣고 실망했다.

033

● **plain** [plein]
분명한

● **offend** [əfénd]
불쾌하게 하다

It was plain he was offended.

그가 기분을 해친 것은 분명했다.

034

● **anxious** [ǽŋkʃəs]
걱정하는

● **safety** [séifti]
안전

They were anxious for her safety.

그들은 그녀의 안부를 걱정했다.

035

● **mess** [mes]
어질러진 상태

My room is in a mess.

내 방은 너저분하다.

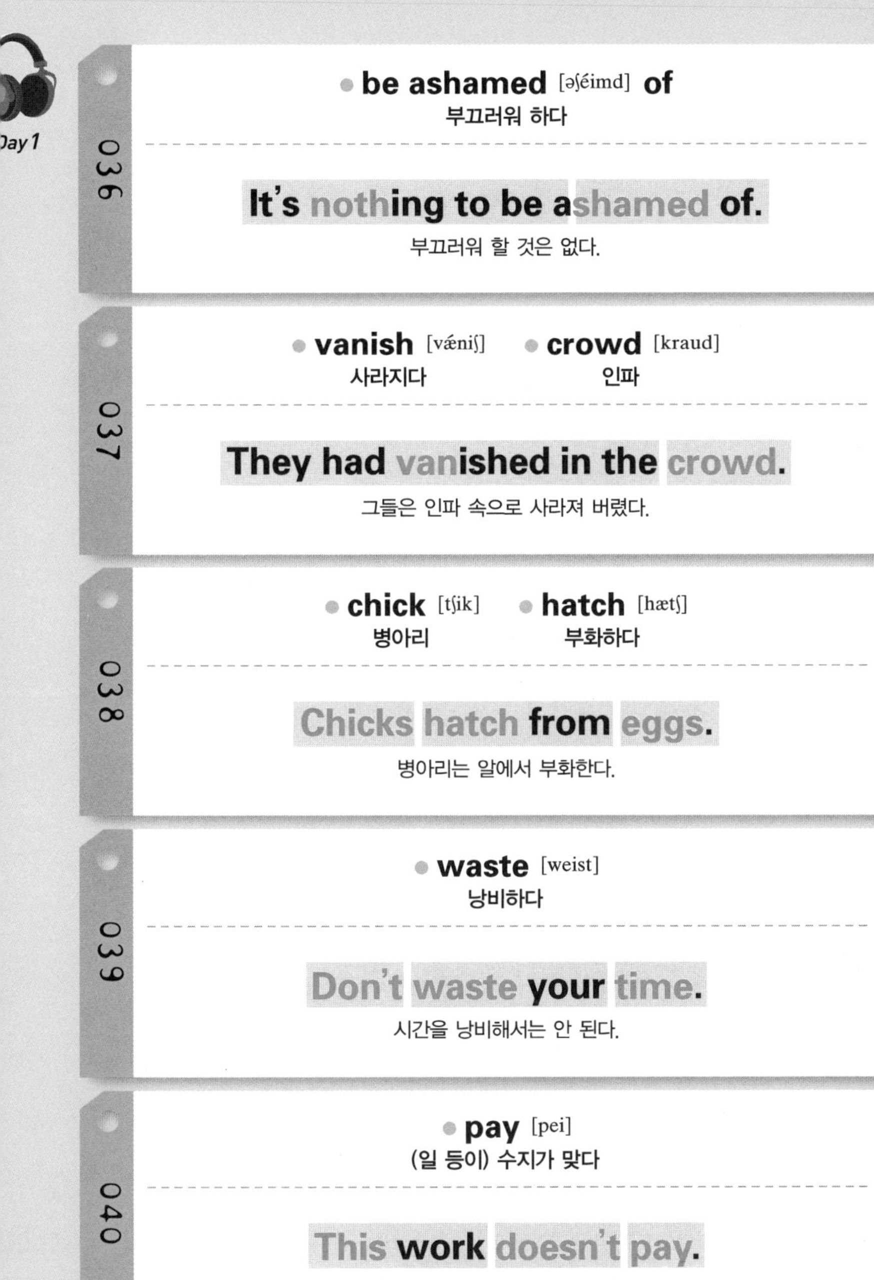

036

● **be ashamed** [əʃéimd] **of**
부끄러워 하다

It's nothing to be ashamed of.
부끄러워 할 것은 없다.

037

● **vanish** [vǽniʃ]　● **crowd** [kraud]
사라지다　　　　　인파

They had vanished in the crowd.
그들은 인파 속으로 사라져 버렸다.

038

● **chick** [tʃik]　● **hatch** [hætʃ]
병아리　　　　부화하다

Chicks hatch from eggs.
병아리는 알에서 부화한다.

039

● **waste** [weist]
낭비하다

Don't waste your time.
시간을 낭비해서는 안 된다.

040

● **pay** [pei]
(일 등이) 수지가 맞다

This work doesn't pay.
이 일은 수지가 맞지 않는다.

041

● **shame** [ʃeim]
부끄러움

They have no shame.
그들은 부끄러움을 모른다.

042

● **boast** [boust]
자랑

● **false** [fɔːls]
거짓의

That boast is false.
그 자랑거리는 거짓이다.

043

● **scent** [sent]
눈치 채다

● **plot** [plá(ː)t]
음모

Tom scented a plot.
톰은 음모를 눈치 챘다.

044

● **seize** [siːz]
붙잡다

● **the initiative** [iníʃ(i)ətiv]
주도권

Wendy seized the initiative.
윈디가 주도권을 잡았다.

045

● **novel** [ná(ː)vəl]
새로운

That's novel to me.
그것은 나에게 새로움이다.

Day 1

046

- **wear** [weə(r)]
닳아 해지다

The carpet shows wear.
그 카페트는 닳아 해졌다.

047

- **flame** [fleim]
불꽃
- **consume** [kəns(j)úːm]
태워 버리다

Flames consumed the bridge.
불꽃은 다리를 다 태워 버렸다.

048

- **poverty** [pá(ː)və(r)ti]
가난
- **sin** [sin]
죄

Poverty is no sin.
가난은 죄가 아니다.

049

- **ladder** [lǽdə(r)]
사다리
- **steady** [stédi]
단단히

Hold the ladder steady.
사다리를 단단히 붙잡아라.

050

- **alter** [ɔ́ːltə(r)]
바꾸다
- **opinion** [əpínjən]
의견

This altered my opinion.
이것으로 나는 의견을 바꿨다.

밑줄에 적당한 단어를 넣어 봅시다.

*[   ]는 본문 문장의 번호입니다.

☐☐☐ What's your _______ ?
비밀이 무엇입니까? [001]

☐☐☐ This work doesn't _______ .
이 일은 수지가 맞지 않는다. [040]

☐☐☐ _______ is no _______ .
가난은 죄가 아니다. [048]

☐☐☐ Gambling is his _______ .
그는 도박에 눈이 멀었다. [009]

☐☐☐ The _______ became _______ .
그것은 공공연한 사실이 되었다. [008]

☐☐☐ I _______ my _______ .
나는 출발을 연기했다. [013]

☐☐☐ _______ up your _______ .
상상력을 자극하라. [016]

☐☐☐ I _______ my _______ .
나는 사표를 철회했다. [014]

☐☐☐ I'm _______ about his _______ .
그의 병이 걱정입니다. [018]

☐☐☐ They agree with my _______ .
그들은 나의 제안에 찬성한다. [019]

☐☐☐ I was _______ at their _______.
나는 그들의 실패를 듣고 실망했다. [032]

☐☐☐ They _______ me with questions.
그들은 질문 공세로 나를 질리게 했다. [021]

☐☐☐ That's _______ to me.
그것은 나에게 새로움이다. [045]

☐☐☐ You're _______ in this _______.
당신은 이 점에서 틀렸다. [028]

☐☐☐ They were _______ _______ her safety.
그들은 그녀의 안부를 걱정했다. [034]

☐☐☐ Don't _______ your time.
시간을 낭비해서는 안 된다. [039]

☐☐☐ The carpet shows _______.
그 카페트는 닳아 해졌다. [046]

☐☐☐ I did this without _______.
나는 이 일을 자력으로 해냈다. [023]

☐☐☐ Let's _______ the subject now.
그 화제는 이쯤에서 끝냅시다. [024]

☐☐☐ It was _______ he was _______.
그가 기분을 해친 것은 분명했다. [033]

DAY 2

오늘 외울 **99** 단어

neglect	게을리 하다		fail	약해지다
duty	의무		suspect	용의자
scarcely	거의 ~않다		claim	주장하다
breathe	숨 쉬다		innocence	무죄
keep	지키다		witness	입회하다
dayipline	규율		tradition	전통
terribly	지독하게		survive	살아남다
grave	심각한		deserve	~할 만한 가치가 있다
declare	선고하다		solve	풀다
bankrupt	파산		consider	고려하다
tremble	떨다		maintain	부양하다
fear	무서움		stroke	수완
demand	수요		genius	천재
determine	결정하다		betray	무심코 드러내다
settle	자리를 잡다		identity	정체
stand	참다		decline	거절하다
company	같이 있음		invitation	초대
enormous	엄청난		adjust	조정하다
happen	일어나다		instrument	기계
maintain	유지하다		weak	약한
order	질서		constitution	체질
admit	인정하다		struggle	싸우다
guilt	죄		injustice	부정
eyesight	시력		silence	침묵

imply	의미하다	**emphasis**	중요성
consent	동의	**efficiency**	효율
passion	정열	**conduct**	수행하다
mount	오르다	**chemistry**	화학
steadily	꾸준히	**experiment**	실험
grocery	식료품	**fulfill**	만족시키다
commodity	상품	**requirement**	요구
remarkable	놀랄 만한	**work**	작품
courage	용기	**esteem**	평가하다
contemporary	같은 시대의	**weather**	날씨
industry	산업	**settle down**	맑아지다
expand	발전하다	**problem**	문제
fascinate	마음을 빼앗다	**concern**	관계하다
tolerate	묵인(허용)하다	**absorb**	열중시키다
impudence	무례함	**assembly**	의회
chairperson	의장	**adopt**	채택하다
command	명령하다	**divorce**	절연하다
silence	정숙	**party**	정당
precise	정확한	**testimony**	증언
fade	바래다	**conflict with**	상충되다
by degrees	점차로	**expense**	지출
resolve	해결하다	**exceed**	넘다
conflict	분쟁	**income**	수입
troops	군대		
resist	저항하다		
invasion	침략		
grossly	대단히		
exaggerate	과장하다		

051

● **neglect** [niglékt]
게을리 하다

● **duty** [d(j)úːti]
의무

Don't neglect your duty.

의무를 게을리 해서는 안 된다.

052

● **scarcely** [skéə(r)sli]
거의 ~않다

● **breathe** [briːð]
숨 쉬다

Eva could scarcely breathe.

에바는 거의 숨 쉬지 못했다.

053

● **keep** [kiːp]
지키다

● **dayipline** [dísəplin]
규율

You must keep dayipline.

규율을 지키지 않으면 안 된다.

054

● **terribly** [térəbli]
지독하게

● **grave** [greiv]
심각한

Bruce looks terribly grave.

블루스는 심각한 얼굴을 하고 있다.

055

● **declare** [dikléə(r)]
선고하다

● **bankrupt** [bǽŋkrʌpt]
파산

Rick was declared bankrupt.

닉은 파산을 선고 받았다.

Day 2

056

● **tremble** [trémbl]
떨다

● **fear** [fiər]
무서움

Mary trembled with fear.
메리는 무서워서 몸을 떨었다.

057

● **demand** [dimǽnd]
수요

● **determine** [ditə́:(r)min]
결정하다

Demand determines prices.
수요가 가격을 결정한다.

058

● **settle** [sétl]
자리를 잡다

Carol settled in London.
캐롤은 런던에 자리를 잡았다.

059

● **stand** [stænd]
참다

● **company** [kʌ́mpəni]
같이 있음

I can't stand his company.
그와 동석하는 것은 참을 수 없다.

060

● **enormous** [inɔ́:rməs]
엄청난

● **happen** [hǽpən]
일어나다

An enormous thing happened.
엄청난 일이 일어났다.

061

- **maintain** [meintéin]
유지하다
- **order** [ɔ́ː(r)dər]
질서

The police maintained order.

경찰은 질서를 유지했다.

062

- **admit** [ədmít]
인정하다
- **guilt** [gilt]
죄

Linda admitted her guilt.

린다는 죄를 인정했다.

063

- **eyesight** [áisàit]
시력
- **fail** [feil]
약해지다

Her eyesight failed rapidly.

그녀의 시력이 급속하게 약해졌다.

064

- **suspect** [sʌ́spekt] 용의자
- **claim** [kleim] 주장하다
- **innocence** [ínəs(ə)ns] 무죄

The suspect claimed innocence.

용의자는 무죄를 주장했다.

065

- **witness** [wítnəs]
입회하다

Peggy witnessed our wedding.

페기는 우리의 결혼식에 참석해주었다.

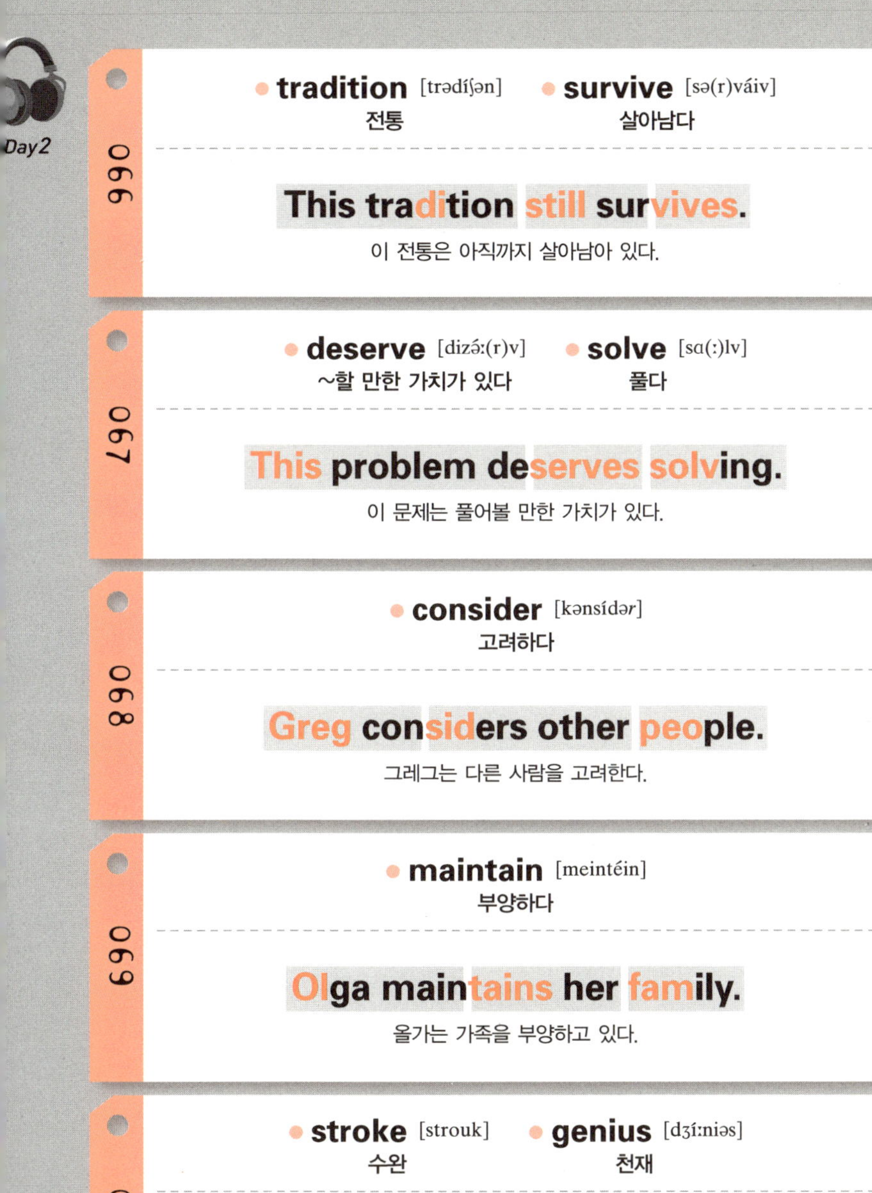

066

- **tradition** [trədíʃən]
전통
- **survive** [sə(r)váiv]
살아남다

This tradition still survives.

이 전통은 아직까지 살아남아 있다.

067

- **deserve** [dizə́:(r)v]
~할 만한 가치가 있다
- **solve** [sɑ(:)lv]
풀다

This problem deserves solving.

이 문제는 풀어볼 만한 가치가 있다.

068

- **consider** [kənsídər]
고려하다

Greg considers other people.

그레그는 다른 사람을 고려한다.

069

- **maintain** [meintéin]
부양하다

Olga maintains her family.

올가는 가족을 부양하고 있다.

070

- **stroke** [strouk]
수완
- **genius** [dʒíːniəs]
천재

Ann has a stroke of genius.

안에게는 천재적인 수완이 있다.

071

- **betray** [bitréi]
무심코 드러내다
- **identity** [aidéntəti]
정체

Denis be**tray**ed her i**den**tity.

데니스는 정체를 드러냈다.

072

- **decline** [dikláin]
거절하다
- **invitation** [ìnvitéiʃən]
초대

Sue de**clin**ed our invi**ta**tion.

수는 우리들의 초대를 거절했다.

073

- **adjust** [ədʒʌ́st]
조정하다
- **instrument** [ínstrəmənt]
기계

Liz adj**ust**ed the **in**strument.

리즈는 그 기계를 조정했다.

074

- **weak** [wiːk]
약한
- **constitution** [kà(ː)nstət(j)úːʃ(ə)n]
체질

Fran has a weak consti**tu**tion.

프랑은 체질이 약하다.

075

- **struggle** [strʌ́gl]
싸우다
- **injustice** [indʒʌ́stis]
부정

He strug**gled a**gainst in**just**ice.

그는 부정과 싸웠다.

Day 2

076

- **silence** [sáiləns] 침묵
- **imply** [implái] 의미하다
- **consent** [kənsént] 동의

Silence often implies consent.

침묵은 종종 동의를 의미한다.

077

- **passion** [pǽʃən] 정열
- **mount** [maunt] 오르다
- **steadily** [stédili] 꾸준히

His passion mounted steadily.

그의 열정은 꾸준히 높아졌다.

078

- **grocery** [gróusəri] 식료품
- **commodity** [kəmá(:)dəti] 상품

These groceries are commodity.

이 식료품들은 상품이다.

079

- **remarkable** [rimá:(r)kəbl] 놀랄 만한
- **courage** [kə́:ridʒ] 용기

Steve has remarkable courage.

스티브에게는 놀랄 만한 용기가 있다.

080

- **contemporary** [kəntémpərèri] 같은 시대의

They were contemporary writers.

그들은 같은 시대의 작가였다.

081

- **industry** [índəstri]
  산업
- **expand** [ikspǽnd]
  발전하다

Chinese industry is expanding.

중국의 산업은 발전하고 있다.

082

- **fascinate** [fǽsinèit]
  마음을 빼앗다

Her beauty fascinated everyone.

그녀의 아름다움에 모두는 마음을 빼앗겼다.

083

- **tolerate** [tá(:)lərèit]
  묵인(허용)하다
- **impudence** [ímpjúd(ə)ns]
  무례함

Kathy tolerated his impudence.

캐시는 그의 무례함을 용서했다.

084

- **chairperson**
  [tʃéə(r)pə̀:(r)s(ə)n] 의장
- **command**
  [kəmǽnd] 명령하다
- **silence**
  [sáiləns] 정숙

The chairperson commands silence.

의장은 정숙하라고 명령했다.

085

- **precise** [prisáis]
  정확한

Ed is precise about dates.

에드는 날짜를 틀리는 일이 없다.

Day 2

086

- **fade** [feid]
바래다
- **by degrees** [digríːz]
점차로

The color faded by degrees.
색이 차츰 바래갔다.

087

- **resolve** [rizá(ː)lv]
해결하다
- **conflict** [ká(ː)nflìkt]
분쟁

I couldn't resolve the conflict.
나는 그 분쟁을 해결하지 못했다.

088

- **troops**
[truːps] 군대
- **resist**
[rizíst] 저항하다
- **invasion**
[invéiʒən] 침략

The troops resisted an invasion.
군대는 침략에 저항했다.

089

- **grossly** [gróusli]
대단히
- **exaggerate** [igzǽdʒərèit]
과장하다

Her story is grossly exaggerated.
그녀의 이야기는 대단히 과장되었다.

090

- **emphasis** [émfəsis]
중요성
- **efficiency** [ifíʃənsi]
효율

She places emphasis on efficiency.
그녀는 효율을 중요시 한다.

091

● **conduct** [kəndʌkt] 수행하다　● **chemistry** [kémistri] 화학　● **experiment** [ikspérimənt] 실험

We con**duct** a **chem**istry ex**peri**ment.

우리는 화학실험을 실행한다.

092

● **fulfill** [fulfíl] 만족시키다　● **requirement** [rikwáiə(r)mənt] 요구

Her **work** ful**filled** our re**quire**ments.

그녀의 일하는 모습은 우리들의 요구를 만족시켰다.

093

● **work** [wə:(r)k] 작품　● **esteem** [istí:m] 평가하다

His **work** is **high**ly es**teemed**.

그의 작품은 높은 평가를 받고 있습니다.

094

● **weather** [wéðər] 날씨　● **settle** [sétl] **down** 맑아지다

The **weath**er is **set**tling **down**.

날씨가 맑아지고 있다.

095

● **problem** [prá(:)bləm] 문제　● **concern** [kənsə́:(r)n] 관계하다

This **prob**lem con**cerns** us **all**.

이 문제는 우리들 전원에게 관계가 있는 일이다.

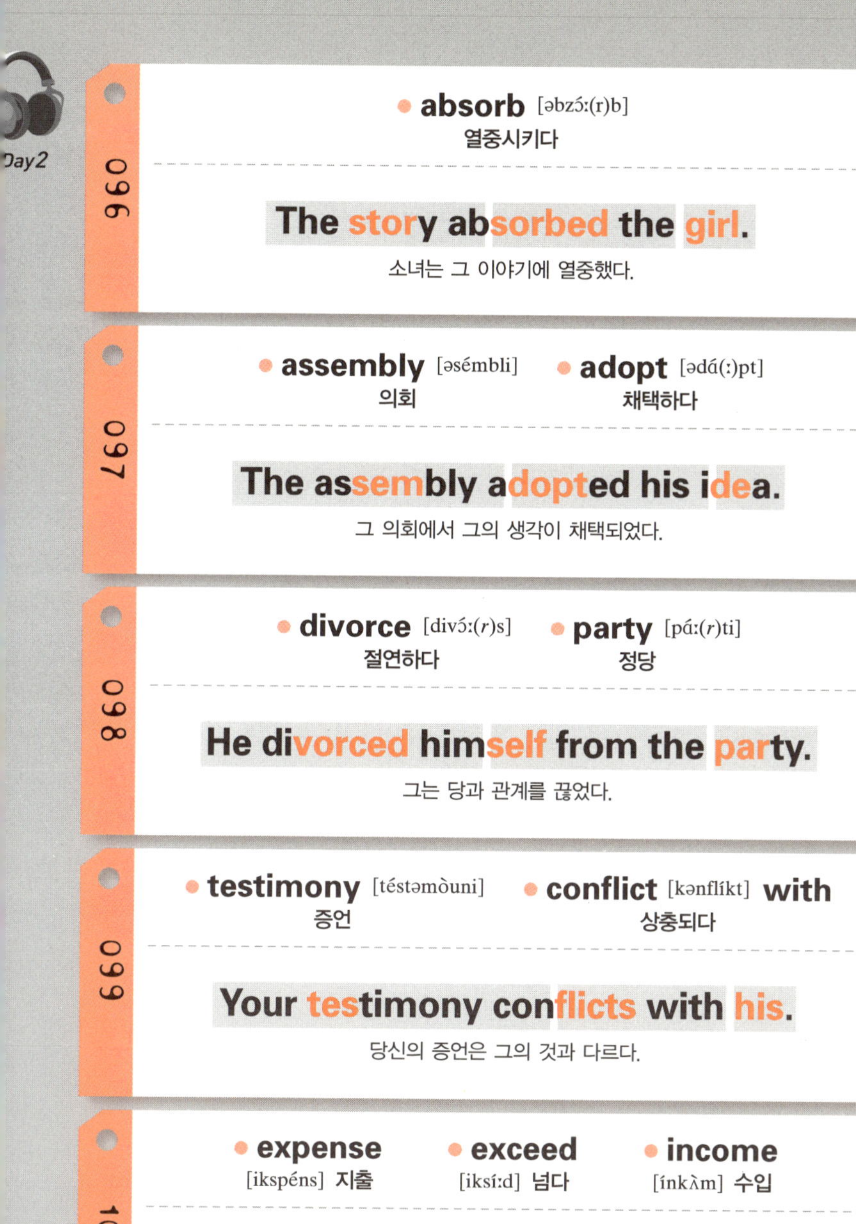

Day2

096

- **absorb** [əbzɔ́:(r)b]
열중시키다

The story absorbed the girl.
소녀는 그 이야기에 열중했다.

097

- **assembly** [əsémbli]
의회
- **adopt** [ədá(:)pt]
채택하다

The assembly adopted his idea.
그 의회에서 그의 생각이 채택되었다.

098

- **divorce** [divɔ́:(r)s]
절연하다
- **party** [pá:(r)ti]
정당

He divorced himself from the party.
그는 당과 관계를 끊었다.

099

- **testimony** [téstəmòuni]
증언
- **conflict** [kənflíkt] **with**
상충되다

Your testimony conflicts with his.
당신의 증언은 그의 것과 다르다.

100

- **expense**
[ikspéns] 지출
- **exceed**
[iksí:d] 넘다
- **income**
[ínkʌm] 수입

His expenses exceeded his income.
그의 지출은 수입을 넘었다.

Check it out!

밑줄에 적당한 단어를 넣어 봅시다.

*[   ]는 본문 문장의 번호입니다.

□□□ Fran has a weak________.
프랑은 체질이 약하다. [074]

□□□ She places________on________.
그녀는 효율을 중요시 한다. [090]

□□□ The troops________an________.
군대는 침략에 저항했다. [088]

□□□ Olga________her family.
올가는 가족을 부양하고 있다. [069]

□□□ Sue________our________.
수는 우리들의 초대를 거절했다. [072]

□□□ Your________ ________with his.
당신의 증언은 그의 것과 다르다. [099]

□□□ Her beauty________everyone.
그녀의 아름다움에 모두는 마음을 빼앗겼다. [082]

□□□ The________commands________.
의장은 정숙하라고 명령했다. [084]

□□□ Carol________in London.
캐롤은 런던에 자리를 잡았다. [058]

□□□ This________still________.
이 전통은 아직까지 살아남아 있다. [066]

□□□ His ________ is highly ________ .
그의 작품은 높은 평가를 받고 있습니다. [093]

□□□ The ________ is ________ down.
날씨가 맑아지고 있다. [094]

□□□ Don't ________ your ________ .
의무를 게을리 해서는 안 된다. [051]

□□□ The police ________ order.
경찰은 질서를 유지했다. [061]

□□□ Steve has ________ ________ .
스티브에게는 놀랄 만한 용기가 있다. [079]

□□□ This problem ________ us all.
이 문제는 우리들 전원에게 관계가 있는 일이다. [095]

□□□ They were ________ writers.
그들은 같은 시대의 작가였다. [080]

□□□ Ed is ________ about dates.
에드는 날짜를 틀리는 일이 없다. [085]

□□□ I can't ________ his ________ .
그와 동석하는 것은 참을 수 없다. [059]

□□□ Chinese ________ is ________ .
중국의 산업은 발전하고 있다. [081]

오늘 외울 98 단어

explain	설명하다	**come before**	우선하다
terms	말투	**quality**	질
observe	준수하다	**threaten**	위협하다
principle	원칙	**punishment**	처벌
be overcome	맥을 못 추다	**value**	중시하다
weariness	피로	**wealth**	부
pretend	～인 체하다	**upset**	망치다
ill	병든	**hunger**	굶주림
prevent	방해하다	**urge**	몰아대다
escape	달아나다	**steal**	훔치다
supply	주다	**tear off**	급히 벗다
sufferer	피해자	**drenched**	흠뻑 젖다
provide against	대비하다	**suffer from**	앓다
accident	사고	**serious**	심각한
claim	청구하다	**disease**	병
insurance	보험금	**confirm**	확인하다
defeat	패배시키다	**reservation**	예약
opposing	대립하다	**advance**	진척시키다
committee	위원회	**considerably**	상당히
consist of	구성되다	**deliver**	(의견을) 말하다
investigate	조사하다	**landmark**	획기적인 사건
incident	사건	**decision**	판결
quantity	분량	**conduct**	행실
supply	공급하다	**greatly**	크게

alter	고치다	false	허위의
insect	곤충	witness	증인
attract	끌어당기다	comparatively	비교적
bother	조르다	firm	안정된
capture	붙잡다	intense	격렬한
thief	도둑	personality	성격
task	일	moderate	적당한
ability	능력	instinct	직관
odd	홀수의	superior to	(~보다) 나은
sailor	선원	reason	이성
patient	인내심 있는	abstract	추상적인
hardship	고난	concept	개념
prevent	막다	certain	확실한
inevitable	피할 수 없는	highly	대단히
peculiar	특이한	elaborate	공들인
attitude	태도	essential	필수적인
entirely	완전히	emotionally	감정적으로
positive	적극적인	expressive	표현적인
artificial	부자연스러운	trade	무역
smile	미소 짓다	extreme	극도의
available	입수할 수 있는	depression	불황
brief	적은	lazy	게으른
speech	말		
capable of	~의(할) 능력이 있는		
murder	살인		
conscious	의식이 있는		
being	존재		
due	도착할 예정인		

101

- **explain** [ikspléin]
  설명하다
- **terms** [tə:(r)mz]
  말투

He explains in simple terms.

그는 간단한 말로 설명해준다.

102

- **observe** [əbzə́:(r)v]
  준수하다
- **principle** [prínsəpl]
  원칙

We must observe a principle.

우리는 원칙을 지키지 않으면 안 된다.

103

- **be overcome** [òuvə(r)kʌm]
  맥을 못 추다
- **weariness** [wí(ə)rinəs]
  피로

Pam was overcome by weariness.

팸은 피곤해서 축 늘어져 있었다.

104

- **pretend** [priténd]
  ~인 체하다
- **ill** [il]
  병든

Don't pretend to be ill.

병든 척 하지마.

105

- **prevent** [privént]
  방해하다
- **escape** [iskéip]
  달아나다

Dave prevented me from escaping.

데이브는 내가 달아나는 것을 방해했다.

Day3

106

- **supply** [səplái]
주다
- **sufferer** [sʌfərər]
피해자

We supplied food for sufferers.
우리는 피해자들에게 음식을 줬다.

107

- **provide** [prəváid] **against**
대비하다
- **accident** [æksidənt]
사고

We must provide against accidents.
우리는 사고에 대비하지 않으면 안 된다.

108

- **claim** [kleim]
청구하다
- **insurance** [inʃú(ə)rəns]
보험금

Johnny claimed on the insurance.
조니는 보험금을 청구했다.

109

- **defeat** [difíːt]
패배시키다
- **opposing** [əpóuziŋ]
대립하다

We defeated the opposing team.
우리는 상대 팀을 이겼다.

110

- **committee** [kəmíti]
위원회
- **consist** [kənsíst] **of**
구성되다

This committee consists of ten members.
이 위원회는 10명으로 구성된다.

Day 3

111

• **investigate** [invéstigèit]
조사하다

• **incident** [ínsidənt]
사건

The police investigated the incident.

경찰은 그 사건을 수사했다.

112

• **quantity** [kwá(:)ntəti]
분량

• **supply** [səplái]
공급하다

What quantity can be supplied?

어느 정도의 양을 보급할 수 있습니까?

113

• **come before**
우선하다

• **quality** [kwá(:)ləti]
질

Quantity comes before quality now.

지금은 질보다 양이 중요하다.

114

• **threaten** [θrét(ə)n]
위협하다

• **punishment** [pʌ́niʃmənt]
처벌

Tony threatened me with punishment.

토니는 벌을 받을거라고 나를 위협했다.

115

• **value** [vǽljuː]
중시하다

• **wealth** [welθ]
부

She values wealth above health.

그녀는 건강보다도 부를 중요시합니다.

Day3

116

- **upset** [ʌpsét]
망치다

The snow upset our plans.
눈 때문에 우리의 계획은 엉망이 되어 버렸다.

117

- **hunger** [hʌ́ŋɡə(r)] 굶주림
- **urge** [ə:(r)dʒ] 몰아대다
- **steal** [sti:l] 훔치다

Hunger urged him to steal.
굶주림이 그를 도둑질하게 만들었다.

118

- **tear** [teər] **off** 급히 벗다
- **drenched** [drentʃt] 흠뻑 젖다

He tore off his drenched shirt.
그는 젖은 셔츠를 벗어 던졌다.

119

- **suffer from** [sʌ́fər] 앓다
- **serious** [sí(ə)riəs] 심각한
- **disease** [dizí:z] 병

She suffers from serious disease.
그녀는 심각한 병에 걸렸다.

120

- **confirm** [kənfə́:(r)m] 확인하다
- **reservation** [rèzə(r)véiʃən] 예약

He confirmed his plane reservation.
그는 비행기 예약을 확인했다.

121

- **advance** [ədvǽns]
진척시키다
- **considerably** [kənsídərəbli]
상당히

The work has advanced considerably.

일은 상당히 진척되었다.

122

- **deliver** [dilívər] (의견을) 말하다
- **landmark** [lǽndmàː(r)k] 획기적인 사건
- **decision** [disíʒən] 판결

He delivered a landmark decision.

그는 역사적인 판결을 발표했다.

123

- **conduct** [kʌ́(ː)ndʌ̀kt] 행실
- **greatly** [gréitli] 크게
- **alter** [ɔ́ːltər] 고치다

His conduct has greatly altered.

그의 행동은 대부분 고쳐졌다.

124

- **insect** [ínsekt]
곤충
- **attract** [ətrǽkt]
끌어당기다

Insects are attracted to flowers.

곤충은 꽃에 끌린다.

125

- **bother** [bá(ː)ðər]
조르다

George bothered me for money.

조지는 나에게 돈 달라고 졸랐다.

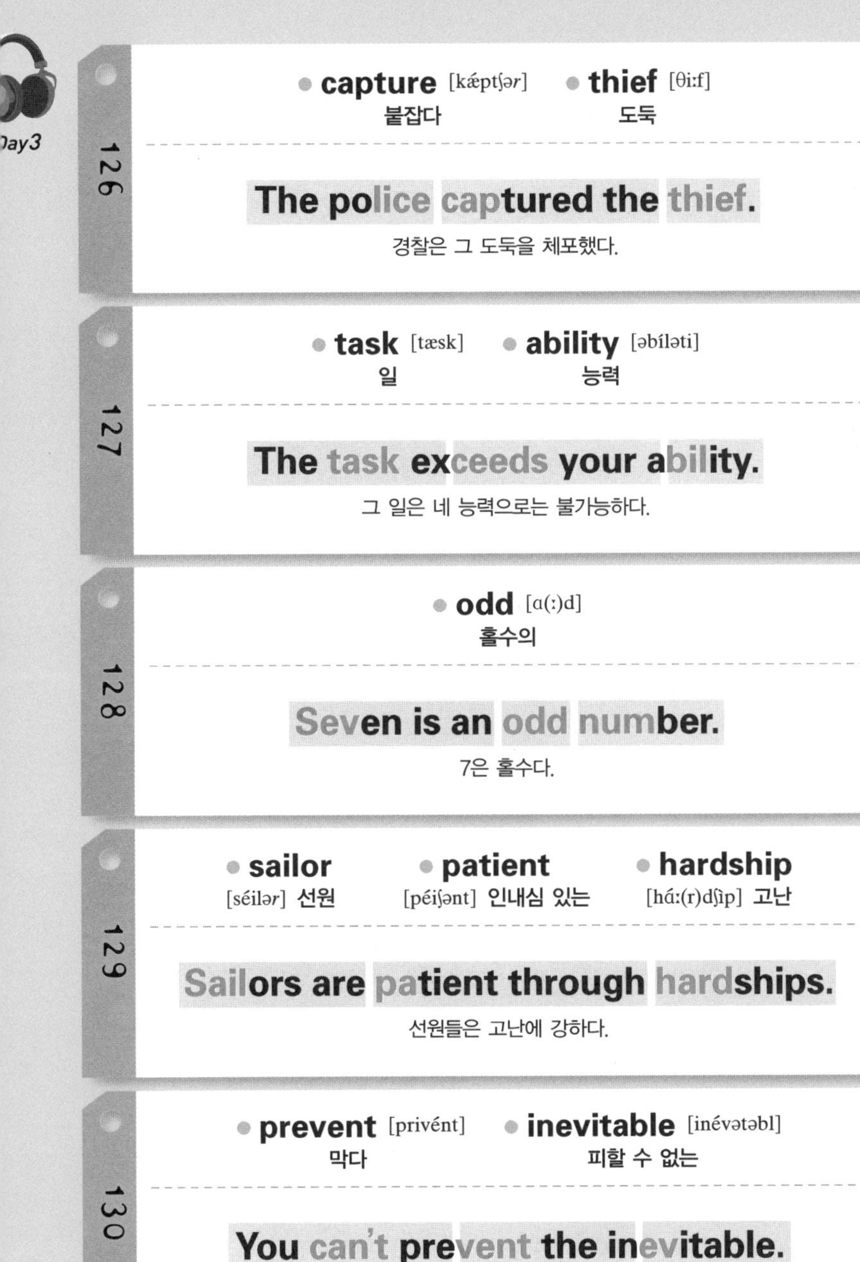

Day3

126

- **capture** [kǽptʃər]
붙잡다
- **thief** [θiːf]
도둑

The police captured the thief.
경찰은 그 도둑을 체포했다.

127

- **task** [tæsk]
일
- **ability** [əbíləti]
능력

The task exceeds your ability.
그 일은 네 능력으로는 불가능하다.

128

- **odd** [ɑ(ː)d]
홀수의

Seven is an odd number.
7은 홀수다.

129

- **sailor**
[séilər] 선원
- **patient**
[péiʃənt] 인내심 있는
- **hardship**
[hɑ́ː(r)dʃip] 고난

Sailors are patient through hardships.
선원들은 고난에 강하다.

130

- **prevent** [privént]
막다
- **inevitable** [inévətəbl]
피할 수 없는

You can't prevent the inevitable.
어떻게 하든 일어나는 일을 막을 방법이 없다.

131

- **peculiar** [pikjú:ljər]
특이한

There's something peculiar about her.
그녀에게는 어딘가 특이한 것이 있다.

132

- **attitude**
[ǽtət(j)ù:d] 태도
- **entirely**
[intáiə(r)li] 완전히
- **positive**
[pá(:)zətiv] 적극적인

His attitude is entirely positive.
그의 태도는 완전히 적극적이다.

133

- **artificial** [à:(r)tifíʃəl]
부자연스러운
- **smile** [smail]
미소 짓다

Kim had an artificial smile.
김은 억지웃음을 지었다.

134

- **available** [əvéiləbl]
입수할 수 있는

All available tickets were sold.
입수한 티켓은 모두 팔렸다.

135

- **brief** [bri:f]
적은
- **speech** [spi:tʃ]
말

Paco is brief of speech.
파고는 말수가 적다.

136

- **capable** [kéipəbl] **of**
~의(할) 능력이 있는
- **murder** [mə́ː(r)dər]
살인

Dick is capable of murder.
딕은 살인을 저지를 수도 있다.

137

- **conscious** [kɑ́(ː)nʃəs]
의식이 있는
- **being** [bíːiŋ]
존재

Man is a conscious being.
인간은 의식이 있는 존재이다.

138

- **due** [d(j)uː]
도착할 예정인

He's due home at ten.
그는 10시에 집으로 돌아올 예정이다.

139

- **false** [fɔːls]
허위의
- **witness** [wítnəs]
증인

Hal was a false witness.
헬은 거짓 증인이었다.

140

- **comparatively** [kəmpǽrətivli]
비교적
- **firm** [fə́ː(r)m]
안정된

Prices keep comparatively firm.
물가는 비교적 안정되고 있다.

141

- **intense** [inténs]
격렬한
- **personality** [pə̀:(r)sənǽləti]
성격

Rick has an intense personality.

닉은 감정이 격한 사람입니다.

142

- **moderate** [mɑ́(:)dərət]
적당한

Be moderate in all things.

매사에 적당함이 중요하다.

143

- **instinct**
[ínstiŋkt] 직관
- **superior to**
[supí(ə)riər] (~보다) 나은
- **reason**
[rí:z(ə)n] 이성

Instinct is superior to reason.

직관은 이성보다 낫다.

144

- **abstract** [ǽbstrækt]
추상적인
- **concept** [kɑ́(:)nsept]
개념

Truth is an abstract concept.

진리는 추상적인 개념이다.

145

- **certain** [sə́:(r)t(ə)n]
확실한

Tom is certain to be there.

톰은 확실히 그곳에 온다.

Day3

146

- **highly** [háili]
  대단히
- **elaborate** [ilǽbərət]
  공들인

His theory is highly elaborate.

그의 이론은 대단히 공들여 작성되어 있다.

147

- **essential** [isénʃəl]
  필수적인

Health is essential to happiness.

행복에서 건강은 빼놓을 수 없는 것이다.

148

- **emotionally** [imóuʃənəli]
  감정적으로
- **expressive** [iksprésiv]
  표현적인

She's an emotionally expressive person.

그녀는 감정 표현이 풍부한 사람이다.

149

- **trade** [treid] 무역
- **extreme** [ikstríːm] 극도의
- **depression** [dipréʃən] 불황

Trade is in an extreme depression.

무역은 극도의 불경기 속에 있다.

150

- **lazy** [léizi]
  게으른

Dan is a lazy worker.

댄은 게으름뱅이다.

밑줄에 적당한 단어를 넣어 봅시다.

*[　]는 본문 문장의 번호입니다.

□□□　He _______ his plane _______.
그는 비행기 예약을 확인했다.　[120]

□□□　He _______ in simple _______.
그는 간단한 말로 설명해준다.　[101]

□□□　Hal was a _______ _______.
헬은 거짓 증인이었다.　[139]

□□□　_______ is _______ to reason.
직관은 이성보다 낫다.　[143]

□□□　Tom is _______ to be there.
톰은 확실히 그곳에 온다.　[145]

□□□　His theory is _______ _______.
그의 이론은 대단히 공들여 작성되어 있다.　[146]

□□□　We must _______ against accidents.
우리는 사고에 대비하지 않으면 안 된다.　[107]

□□□　All _______ tickets were sold.
입수한 티켓은 모두 팔렸다.　[134]

□□□　We must _______ a _______.
우리는 원칙을 지키지 않으면 안 된다.　[102]

□□□　The police _______ the _______.
경찰은 그 도둑을 체포했다.　[126]

☐☐☐ Kim had an________ smile.
김은 억지웃음을 지었다. [133]

☐☐☐ Dan is a________ worker.
댄은 게으름뱅이다. [150]

☐☐☐ Sailors are________ through________.
선원들은 고난에 강하다. [129]

☐☐☐ Paco is________ of________.
파고는 말수가 적다. [135]

☐☐☐ George________ me for money.
조지는 나에게 돈 달라고 졸랐다. [125]

☐☐☐ The________ exceeds your________.
그 일은 네 능력으로는 불가능하다. [127]

☐☐☐ Prices keep________ ________.
물가는 비교적 안정되고 있다. [140]

☐☐☐ Dave________ me from________.
데이브는 내가 달아나는 것을 방해했다. [105]

☐☐☐ Don't________ to be________.
병든 척 하지마. [104]

☐☐☐ Seven is an________ number.
7은 홀수다. [128]

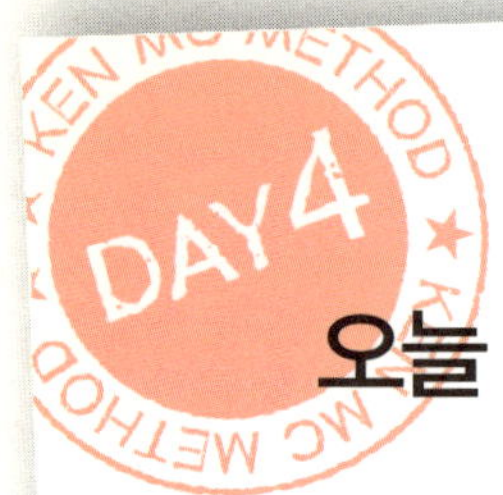

오늘 외울 **104** 단어

make a decision	결정하다
indifferent	공평한
native	타고난
language	언어
fairly	그럭저럭
reasonable	적당한
sound	~와 같이 생각되다
reasonable	도리에 맞는
distant	먼
relative	친척
sensitive	감성이 예민한
short	부족한
memory	기억력
similar	비슷한
terrible	무서운
experience	경험
appreciate	감사하다
hospitality	환대
mayor	시장
approve	승인하다
expose	폭로하다
criticism	비판
improve	개선하다
appearance	외관
vessel	배
view	시야
traffic	거래
criminal	범죄자
advance	제출하다
method	방법
symptom	증상
dizziness	현기증
shape	상태
overcome	압도하다
shame	부끄러움
say nothing	아무 말도 않다
reply	대답
potential	잠재력
gauge	측정하다
relieve	누그러뜨리다
pain	고통
obstacle	장애
get rid of	제거하다
durable	내구성이 있는
material	재료
liver	간장
function	기능하다
poorly	불충분하게

avoid	피하다	authority	권위
dispute	논쟁	lean against	기대다
confidence	자신	handrail	난간
decent	남부럽잖은	melt	누그러지다
comfort	편안함	pity	연민
audience	청중	excitement	흥분
deeply	깊게	victory	승리
affect	감동시키다	diminish	감소하다
President	대통령	access	출입
address	연설	forbid	금지하다
televise	텔레비전으로 방송하다	outsider	외부인
approach	가까워지다	religious	종교적인
climax	절정	prejudice	편견
launch	발사하다	associate	관련시키다
artificial	인공의	various	다양한
satellite	위성	organization	조직
sore	아픈	reduced to	~할 지경이 되다
throat	목구멍	tear	눈물
end	목적	explore	탐험하다
justify	정당화하다	reliable	믿을 수 있는
means	수단	efficient	유능한
wound	상처	absolutely	완전히
tender	만지면 아픈	awful	지독한
observe	감시하다	meal	식사
prisoner	죄수	inaccurate	부정확한
match	일치하다	calculation	계산
description	인상착의	domestic	가정적인
abuse	남용하다	social	사교적인

Day 4

151

- **make a decision** [disíʒən]
  결정하다
- **indifferent** [indífərənt]
  공평한

Mac made an indifferent decision.
맥은 공평한 결정을 내렸다.

152

- **native** [néitiv]
  타고난
- **language** [lǽŋgwidʒ]
  언어

French is her native language.
프랑스어가 그녀의 모국어다.

153

- **fairly** [féərli]
  그럭저럭
- **reasonable** [ríz(ə)nəbl]
  적당한

The price was fairly reasonable.
가격은 그럭저럭 적당했다.

154

- **sound** [saund]
  ~와 같이 생각되다
- **reasonable** [ríz(ə)nəbl]
  도리에 맞는

It sounds reasonable to me.
그것은 나에게 도리에 맞는 것 같이 생각된다.

155

- **distant** [dístənt]
  먼
- **relative** [rélətiv]
  친척

He's a distant relative of mine.
그는 나의 먼 친척이다.

Day 4

156

● **sensitive** [sénsətiv]
감성이 예민한

Kate is sensitive to music.
케이트는 음악에 대한 감성이 예민하다.

157

● **short** [ʃɔː(r)t]
부족한

● **memory** [méməri]
기억력

Peg has a short memory.
팩은 기억력이 부족하다.

158

● **similar** [símələr]
비슷한

Books are similar to friends.
책은 친구와 같은 존재이다.

159

● **terrible** [térəbl]
무서운

● **experience** [ikspí(ə)riəns]
경험

We had a terrible experience.
우리는 무서운 경험을 했다.

160

● **appreciate** [əprí:ʃièit]
감사하다

● **hospitality** [hà(:)sp(ə)tǽləti]
환대

I really appreciate your hospitality.
당신의 친절에 정말로 감사드립니다.

161

- **mayor** [méiər]
시장

- **approve** [əprúːv]
승인하다

The mayor approved the plan.
시장은 그 계획을 승인했다.

162

- **expose** [ikspóuz]
폭로하다

- **criticism** [krítəsìzm]
비판

Don't expose yourself to criticism.
비판받을 것 같은 짓은 하지 마라.

163

- **improve** [imprúːv]
개선하다

- **appearance** [əpí(ə)rəns]
외관

Chris should improve his appearance.
크리스는 외모를 바꿔야 한다.

164

- **vessel** [vés(ə)l]
배

- **view** [vjuː]
시야

A vessel came into view.
배가 보이기 시작했다.

165

- **traffic** [trǽfik]
거래

- **criminal** [kríminəl]
범죄자

Traffic with criminals is dangerous.
범죄자와의 거래는 위험하다.

166

- **advance** [ədvǽns]
  제출하다
- **method** [méθəd]
  방법

Frank advanced a new method.
프랭크는 새로운 방법을 제안했다.

167

- **symptom** [símptəm]
  증상
- **dizziness** [dízinəs]
  현기증

Liz had symptoms of dizziness.
리즈에게는 현기증 증상이 있었다.

168

- **shape** [ʃeip]
  상태

Dave was in bad shape.
데이브의 상태는 좋지 못했다.

169

- **overcome** [òuvə(r)kám]
  압도하다
- **shame** [ʃeim]
  부끄러움

Sue was overcome with shame.
수는 부끄러워서 몸 둘 바를 몰랐다.

170

- **say nothing** [sei nʌ́θiŋ]
  아무 말도 않다
- **reply** [riplái]
  대답

Kim said nothing in reply.
김은 아무런 대답을 하지 않았다.

171

- **potential** [pətén∫əl]
  잠재력
- **gauge** [geidʒ]
  측정하다

His potential cannot be gauged.

그의 잠재력은 측정할 수 없다.

172

- **relieve** [rilí:v]
  누그러뜨리다
- **pain** [pein]
  고통

This will relieve your pain.

이것이 당신의 고통을 가라앉혀 줄 것이다.

173

- **obstacle** [á(:)bstəkl]
  장애
- **get rid** [rid] **of**
  제거하다

We have obstacles to get rid of.

제거하지 않으면 안 되는 장애가 몇 개 있다.

174

- **durable** [d(j)úərəbl]
  내구성이 있는
- **material** [mətí(ə)riəl]
  재료

Stone is a durable material.

돌은 내구재이다.

175

- **liver**
  [lívər] 간장
- **function**
  [fʌ́ŋk∫ən] 기능하다
- **poorly**
  [púə(r)li] 불충분하게

The liver is functioning poorly.

간장의 기능이 좋지 않다.

Day 4

176

- **avoid** [əvɔ́id] 피하다
- **dispute** [dispjúːt] 논쟁

Avoid a dispute, if possible.
가능하면 논쟁은 피하십시오.

177

- **confidence** [kɑ́(ː)nfidəns] 자신

He spoke with great confidence.
그는 큰 자신을 갖고 말했다.

178

- **decent** [díːs(ə)nt] 남부럽잖은
- **comfort** [kʌ́mfə(r)t] 편안함

He lives in decent comfort.
그는 남부럽잖은 편안 생활을 하고 있다.

179

- **audience** [ɔ́ːdiəns] 청중
- **deeply** [díːpli] 깊게
- **affect** [əfékt] 감동시키다

The audience was deeply affected.
청중은 깊은 감동을 받았다.

180

- **President** [prézidənt] 대통령
- **address** [ədrés] 연설
- **televise** [téləvàiz] 텔레비전으로 방송하다

The President's address was televised.
대통령의 연설은 텔레비전으로 방송되었다.

181

● **approach** [əpróutʃ]
가까워지다

● **climax** [kláimæks]
절정

The drama approached its climax.

그 드라마는 최고의 절정에 달했다.

182

● **launch**
[lɔːntʃ] 발사하다

● **artificial**
[àː(r)tifíʃəl] 인공의

● **satellite**
[sǽtəlàit] 위성

They launched an artificial satellite.

그들은 인공위성을 발사했다.

183

● **sore** [sɔːr]
아픈

● **throat** [θrout]
목구멍

I have a sore throat.

목이 아프다.

184

● **end**
[end] 목적

● **justify**
[dʒʌstifài] 정당화하다

● **means**
[miːnz] 수단

The end justifies the means.

목적은 수단을 정당화한다. [속담]

185

● **wound** [wuːnd]
상처

● **tender** [téndər]
만지면 아픈

The wound is still tender.

상처는 아직 만지면 아프다.

Day 4

186

- **observe** [əbzə́:(r)v]
감시하다
- **prisoner** [príz(ə)nər]
죄수

You must observe a prisoner.

당신은 죄수를 감시하지 않으면 안 된다.

187

- **match** [mætʃ]
일치하다
- **description** [diskrípʃən]
인상착의

The prisoner matched the description.

그 죄수는 이 인상착의와 일치했다.

188

- **abuse** [əbjúːz]
남용하다
- **authority** [ɔːθɔ́ːrəti]
권위

The king abused his authority.

그 왕은 권위를 남용했다.

189

- **lean against** [liːn əgénst]
기대다
- **handrail** [hǽndrèil]
난간

She leaned against the handrail.

그녀는 난간에 기댔다.

190

- **melt** [melt]
누그러지다
- **pity** [píti]
연민

Her heart melted with pity.

그녀의 마음은 연민의 정으로 누그러졌다.

Day 4

191

- **excitement** [iksáitmənt] 흥분
- **victory** [víktəri] 승리
- **diminish** [dimíniʃ] 감소하다

The ex**cite**ment of **vic**tory di**min**ished.

승리의 흥분이 가라앉았다.

192

- **access** [ǽkses] 출입
- **forbid** [fə(r)bíd] 금지하다
- **outsider** [àutsáidər] 외부인

Access is for**bid**den to out**sid**ers.

외부인의 출입은 금지되어 있다.

193

- **religious** [rilídʒəs] 종교적인
- **prejudice** [prédʒudəs] 편견

He's **free** from re**li**gious **prej**udice.

그는 종교적 편견이 없다.

194

- **associate** [əsóuʃièit] 관련시키다
- **various** [véəriəs] 다양한
- **organization** [ɔ̀ː(r)gənəzéiʃən] 조직

He's as**so**ciated with **var**ious organi**za**tions.

그는 다양한 조직과 관계하고 있다.

195

- **reduced** [ridʒúːst] **to** ~할 지경이 되다
- **tear** [tiər] 눈물

She's **eas**ily re**duced** to **tears**.

그녀는 눈물이 헤프다.

Day 4

196

- **explore** [ikspló:r]
탐험하다

He'll explore an unknown island.
그는 미지의 섬을 탐험할 작정이다.

197

- **reliable** [riláiəbl]
믿을 수 있는
- **efficient** [ifíʃənt]
유능한

She's a reliable, efficient secretary.
그녀는 믿을 수 있는 유능한 비서다.

198

- **absolutely**
[ǽbsəlùːtli] 완전히
- **awful**
[ɔ́ːfəl] 지독한
- **meal**
[miːl] 식사

It's an absolutely awful meal.
완전히 지독한 식사다.

199

- **inaccurate** [inǽkjərət]
부정확한
- **calculation** [kæ̀lkjuléiʃən]
계산

She's inaccurate in her calculations.
그녀는 계산이 부정확하다.

200

- **domestic** [dəméstik]
가정적인
- **social** [sóuʃəl]
사교적인

She's domestic rather than social.
그녀는 사교적이기보다는 가정적이다.

밑줄에 적당한 단어를 넣어 봅시다.

*[   ]는 본문 문장의 번호입니다.

□□□ She's a_________ , _________ secretary.
그녀는 믿을 수 있는 유능한 비서다. [197]

□□□ She's _________ rather than _________ .
그녀는 사교적이기보다는 가정적이다. [200]

□□□ We had a_________ _________ .
우리는 무서운 경험을 했다. [159]

□□□ Chris should_________ his_________ .
크리스는 외모를 바꿔야 한다. [163]

□□□ Mac_________ an indifferent_________ .
맥은 공평한 결정을 내렸다. [151]

□□□ The_________ was deeply_________ .
청중은 깊은 감동을 받았다. [179]

□□□ The President's_________ was televised.
대통령의 연설은 텔레비전으로 방송되었다. [180]

□□□ We have_________ to get_________ of.
제거하지 않으면 안 되는 장애가 몇 개 있다. [173]

□□□ Sue was_________ with_________ .
수는 부끄러워서 몸 둘 바를 몰랐다. [169]

□□□ He'll_________ an unknown island.
그는 미지의 섬을 탐험할 작정이다. [196]

□□□ French is her________ ________.
프랑스어가 그녀의 모국어다. [152]

□□□ The________ justifies the________.
목적은 수단을 정당화한다. [184]

□□□ It's an________ ________ meal.
완전히 지독한 식사다. [198]

□□□ The________ of victory________.
승리의 흥분이 가라앉았다. [191]

□□□ He's free from________ ________.
그는 종교적 편견이 없다. [193]

□□□ Dave was in bad________.
데이브의 상태는 좋지 못했다. [168]

□□□ He spoke with great________.
그는 큰 자신을 갖고 말했다. [177]

□□□ They________ an________ satellite.
그들은 인공위성을 발사했다. [182]

□□□ He's________ with________ organization.
그는 다양한 조직과 관계하고 있다. [194]

□□□ It________ ________ to me.
그것은 나에게 도리에 맞는 것 같이 생각된다. [154]

오늘 외울 **97**단어

· **capable**	유능한	· **heritage**	유산
· **executive**	중역	· **worth**	~의 가치가 있는
· **contrary**	반대의	· **preserve**	보존하다
· **choice**	선택	· **disappear**	사라지다
· **secretly**	비밀리에	· **trace**	흔적
· **be involved with**	깊은 관계가 되다	· **prosecutor**	검사
· **situation**	상황	· **perjury**	위증죄
· **permit**	허락하다	· **leisure**	한가한 시간
· **delay**	지체	· **succeed**	성공하다
· **charge**	고소하다	· **industry**	근면
· **fraud**	사기죄	· **consider**	~이라고 생각하다
· **female**	여성적인	· **necessity**	필요
· **mystery**	애매함	· **invention**	발명
· **embarrass**	당혹하게 하다	· **attend**	돌보다
· **mourn**	한탄하다	· **daily**	매일의
· **misfortune**	불운	· **accompany**	동행하다
· **deliberately**	고의로	· **senior**	상사
· **temperature**	체온	· **laboratory**	연구소
· **adolescence**	청춘	· **orphanage**	고아원
· **painful**	고통스러운	· **maintain**	유지하다
· **eventually**	결국	· **charge**	맡기다
· **rectify**	수정하다	· **assignment**	할당된 일
· **hairline**	(이마의) 머리털이 난 선	· **accent**	강조
· **recede**	후퇴하다	· **education**	교육

court	법원	factory	공장
accept	받아들이다	neglect	방치하다
evidence	증거	qualify	자격을 주다
manage	잘 해내다	vote	투표
own	자기 자신	massacre	대학살
concern	일	upset	마음을 뒤흔들다
appear	나타나다	urge	격려하다
horizon	지평선	effort	노력
apply	신청하다	warn	경고하다
establish	정착히다	pickpocket	소매치기
country	시골	objective	목표
address	전념하다	largely	대부분
issue	문제	achieve	달성하다
interest	이자	add	더하다
savings	저축	effect	효과
object	반대하다	belong to	~속하다
death penalty	사형	Foreign Office	(영국의) 외무부
compensate	보상하다	blame	책임지우다
suffer	입다	suicide	자살
recommend	추천하다	polygamy	일부다처
fail	실패하다	legal	합법적인
recover	회복하다		
affection	애정		
associate	연상하다		
confuse	당황하게 하다		
blunder	큰 실수		
participate in	참가하다		
feature	얼굴 생김새		

201

● **capable** [kéipəbl]
유능한

● **executive** [igzékjutiv]
중역

She's a capable business executive.
그녀는 유능한 회사 중역이다.

202

● **contrary** [ká(:)ntrèri]
반대의

● **choice** [tʃɔis]
선택

I'll make the contrary choice.
나는 반대의 선택을 할 겁니다.

203

● **secretly** [sí:krətli]
비밀리에

● **be involved with** [invá(:)lvd]
깊은 관계가 되다

She's secretly involved with Tom.
그녀는 톰과 비밀리에 깊은 관계가 되었다.

204

● **situation** [sìtʃuéiʃən] 상황

● **permit** [pə(r)mít] 허락하다

● **delay** [diléi] 지체

The situation permits no delay.
사태는 한 치의 지체도 허락하지 않는다.

205

● **charge** [tʃɑ:(r)dʒ]
고소하다

● **fraud** [frɔːd]
사기죄

Chris was charged with fraud.
크리스는 사기죄로 고소당했다.

206

- **female** [fí:meil] 여성적인
- **mystery** [místəri] 애매함
- **embarrass** [imbǽrəs] 당혹하게 하다

A female mystery embarrassed him.

여성 특유의 애매함이 그를 당혹스럽게 했다.

207

- **mourn** [mɔ:(r)n] 한탄하다
- **misfortune** [misfɔ́:(r)tʃən] 불운

Sam mourns over his misfortunes.

샘은 자신의 불운을 한탄하고 있다.

208

- **deliberately** [dilíbərətli] 고의로

Mary deliberately lied to me.

메리는 고의로 나에게 거짓말을 했다.

209

- **temperature** [témp(ə)rətʃər] 체온

The nurse took my temperature.

그 간호사는 내 체온을 쟀다.

210

- **adolescence** [æ̀dəlés(ə)ns] 청춘
- **painful** [péinfəl] 고통스러운

Adolescence is painful for many.

청춘은 많은 사람들에게 있어서 고통스러운 것이다.

Day 5

211

● **eventually** [ivéntʃuəli]
결국

● **rectify** [réktifài]
수정하다

The error was eventually rectified.

잘못은 결국 수정되었다.

212

● **hairline** [héə(r)làin]
(이마의) 머리털이 난 선

● **recede** [risí:d]
후퇴하다

My hairline is gradually receding.

나의 헤어라인은 점차 후퇴하고 있다.

213

● **heritage**
[hérətidʒ] 유산

● **worth**
[wə:(r)θ] ~의 가치가 있는

● **preserve**
[prizə́:(r)v] 보존하다

This heritage is worth preserving.

이것은 보존할 가치가 있는 유산이다.

214

● **disappear** [dìsəpíər]
사라지다

● **trace** [treis]
흔적

Ken has disappeared without a trace.

캔은 흔적도 없이 모습을 감췄다.

215

● **prosecutor** [prá(:)sikjù:tər]
검사

● **perjury** [pə́:(r)dʒəri]
위증죄

The prosecutor accused her of perjury.

그 검사는 그녀를 위증죄로 고소했다.

216

● **leisure** [líːʒər]
한가한 시간

I don't have any leisure time.
나에게는 조금도 한가한 시간이 없다.

217

● **succeed** [səksíːd]
성공하다

● **industry** [índəstri]
근면

No one can succeed without industry.
근면함 없이 성공은 없다.

218

● **consider** [kənsídər]
~이라고 생각하다

They consider him a good cook.
그들은 그를 훌륭한 요리사라고 생각한다.

219

● **necessity** [nəsésəti]
필요

● **invention** [invénʃən]
발명

Necessity is the mother of invention.
필요는 발명의 어머니다.

220

● **attend** [əténd]
돌보다

● **daily** [déili]
매일

A nurse attended to him daily.
간호사가 매일 그를 돌봤다.

221

- **accompany** [əkʌ́mpəni]
동행하다

Lucy is accompanied by her sister.
루시는 여동생과 동행했다.

222

- **senior** [síːnjər]
상사
- **laboratory** [lǽb(ə)rətɔ̀ːri]
연구소

Peter is my senior in laboratory.
피터는 연구소에서 내 상사입니다.

223

- **orphanage** [ɔ́ː(r)fənidʒ]
고아원
- **maintain** [meintéin]
유지하다

This orphanage is maintained by charity.
이 고아원은 자선 기금에 의해 유지되고 있다.

224

- **charge** [tʃɑː(r)dʒ]
맡기다
- **assignment** [əsáinmənt]
할당된 일

Ellen is charged with the assignment.
엘렌은 그 일을 맡고 있다.

225

- **accent** [ǽksent]
강조
- **education** [èdʒəkéiʃən]
교육

She puts the accent on education.
그녀는 교육에 중점을 두고 있다.

Day 5

226

- **court** [kɔː(r)t] 법원
- **accept** [əksépt] 받아들이다
- **evidence** [évidəns] 증거

The court accepted it as evidence.

법원은 그것을 증거로 받아들였다.

227

- **manage** [mǽnidʒ] 잘 해내다
- **own** [oun] 자기 자신
- **concern** [kənsə́ː(r)n] 일

I can manage my own concerns.

자신의 일은 자신이 잘 해낼 수 있다.

228

- **appear** [əpíər] 나타나다
- **horizon** [həráiz(ə)n] 지평선

The sun appears on the horizon.

태양은 지평선에서 나타난다.

229

- **apply** [əplái] 신청하다

She applies to join a fitness club.

그녀는 헬스 클럽 가입을 신청하다.

230

- **establish** [istǽbliʃ] 정착하다
- **country** [kʌ́ntri] 시골

They established themselves in the country.

그들은 시골에 정착했다.

Day 5

231

- **address** [ədrés] 전념하다
- **issue** [íʃuː] 문제

They addressed themselves to these issues.

그들은 이러한 문제들에 진심으로 임했다.

232

- **interest** [íntərəst] 이자
- **savings** [séiviŋz] 저축

What is the interest on savings?

저축은 이자가 얼마입니까?

233

- **object** [əbdʒékt] 반대하다
- **death penalty** [deθ pénəlti] 사형

We object to the death penalty.

우리는 사형을 반대한다.

234

- **compensate** [kɑ́(ː)mpənsèit] 보상하다
- **suffer** [sʌ́fər] 입다

He compensates for a loss suffered.

그는 입은 손해를 보상하다.

235

- **recommend** [rèkəménd] 추천하다

Can you recommend a good hotel?

괜찮은 호텔을 추천해주세요.

236

- **fail** [feil] 실패하다
- **recover** [rikʌ́vər] 회복하다
- **affection** [əfékʃən] 애정

He failed to recover her affection.

그는 그녀와의 애정을 회복하지 못했다.

237

- **associate** [əsóuʃièit] 연상하다

What do you associate with summer?

당신은 여름 하면 무엇을 연상합니까?

238

- **confuse** [kənfjúːz] 당황하게 하다
- **blunder** [blʌ́ndər] 큰 실수

Hawk was confused by his blunder.

헉은 자신의 실수에 당황했다.

239

- **participate in** [pɑː(r)tísipèit] 참가하다

He participated in the Olympic games.

그는 올림픽에 참가했다.

240

- **feature** [fíːtʃər] 얼굴 생김새

Her eyes are her best features.

그녀는 눈매가 가장 예쁘다.

241

- **factory** [fǽktəri]
  공장
- **neglect** [niglékt]
  방치하다

The factory has been long neglected.

그 공장은 긴 시간 방치된 채로 있었다.

242

- **qualify** [kwá(:)lifài]
  자격을 주다
- **vote** [vout]
  투표

Dora is qualified for the vote.

도라는 투표 자격이 있다.

243

- **massacre** [mǽsəkər]
  대학살
- **upset** [ʌpsét]
  마음을 뒤흔들다

The massacre upset us very much.

그 대학살은 우리를 엄청난 혼란에 빠뜨렸다.

244

- **urge** [ə:(r)dʒ]
  격려하다
- **effort** [éfə(r)t]
  노력

I urged him to greater efforts.

나는 그를 한층 노력하도록 격려했다.

245

- **warn** [wɔ:(r)n]
  경고하다
- **pickpocket** [píkpàkit]
  소매치기

The police warned us of pickpockets.

경찰은 우리에게 소매치기를 조심하라고 경고했다.

246

- **objective** [əbdʒéktiv] 목표
- **largely** [lá:(r)dʒli] 대부분
- **achieve** [ətʃí:v] 달성하다

This objective is now largely achieved.

이 목표는 현재 대부분 달성되었다.

247

- **add** [æd] 더하다
- **effect** [ifékt] 효과

It adds considerably to the effect.

그것으로 상당히 효과가 높아졌다.

248

- **belong** [bilɔ́(:)ŋ] **to** ~속하다
- **Foreign Office** [fɔ́(:)rən á(:)fəs] (영국의) 외무부

She belonged to the Foreign Office.

그녀는 외무부의 직원이었다.

249

- **blame** [bleim] 책임지우다
- **suicide** [sú:isàid] 자살

She blamed herself for his suicide.

그녀는 그의 자살을 자신의 책임으로 돌렸다.

250

- **polygamy** [pəlígəmi] 일부다처
- **legal** [lí:gəl] 합법적인

Polygamy is legal in some countries.

몇몇 나라에서는 일부다처가 합법이다.

밑줄에 적당한 단어를 넣어 봅시다.

*[   ]는 본문 문장의 번호입니다.

□□□ A________ mystery ________ him.
여성 특유의 애매함이 그를 당혹스럽게 했다. [206]

□□□ The situation________ no________.
사태는 한 치의 지체도 허락하지 않는다. [204]

□□□ This________ is worth________.
이것은 보존할 가치가 있는 유산이다. [213]

□□□ ________ is the mother of________.
필요는 발명의 어머니다. [219]

□□□ Peter is my________ in________.
피터는 연구소에서 내 상사입니다. [222]

□□□ Ken has________ without a________.
캔은 흔적도 없이 모습을 감췄다. [214]

□□□ The nurse took my________.
그 간호사는 내 체온을 쟀다. [209]

□□□ I'll make the________ ________.
나는 반대의 선택을 할 겁니다. [202]

□□□ I don't have any________ time.
나에게는 조금도 한가한 시간이 없다. [216]

□□□ No one can________ without________.
근면함 없이 성공은 없다. [217]

□□□ She puts the________ on________.
그녀는 교육에 중점을 두고 있다. [225]

□□□ It________ considerably to the________.
그것으로 상당히 효과가 높아졌다. [247]

□□□ She________ ________ the Foreign________.
그녀는 외무부의 직원이었다. [248]

□□□ Can you________ a good hotel?
괜찮은 호텔을 추천해주세요. [235]

□□□ He________ to________ her________.
그는 그녀와의 애정을 회복하지 못했다. [236]

□□□ I can________ my own________.
자신의 일은 자신이 잘 해낼 수 있다. [227]

□□□ This________ is now________ ________.
이 목표는 현재 대부분 달성되었다. [246]

□□□ The sun________ on the________.
태양은 지평선에서 나타난다. [228]

□□□ He________ in the Olympic games.
그는 올림픽에 참가했다. [239]

□□□ The________ has been long________.
그 공장은 긴 시간 방치된 채로 있었다. [241]

DAY 6

오늘 외울 **95**단어

proper	예의 바른		**sensitive**	민감한
raw	껍질이 벗겨진		**allergen**	알레르겐
rub	문지르다		**vacant**	비어 있는
wages	임금		**lack**	결여
adequate	충분한		**sympathy**	동정
annual	해마다의		**fog**	안개
bill	청구서		**vague**	흐릿한
due	(지불) 기일이 된		**acquaintance**	지식
likely	적당한		**astronomy**	천문학
job	일		**western**	서쪽의
tide	조류		**aspect**	방향
physical	물리적인		**decline**	몰락
force	힘		**empire**	제국
vital	생명 유지에 필요한		**degree**	학위
organ	장기		**pharmacy**	약학
extinct	꺼진		**sufficient**	충분한
volcano	화산		**arrest**	체포하다
complex	복합적인		**package**	소포
device	장치		**express**	속달
web	거미줄		**branch**	부문
delicate	정교한		**knowledge**	학문
exact	정확한		**rest**	휴식
statement	말함		**tired**	피곤한
rural	시골의		**increase**	커지다

by the minute	시시각각으로
excuse	변명
behavior	행동
share	몫
go shares	똑같이 나누다
expense	비용
pension	연금
support	생활비
surface	겉모습
burst	무너지다
bank	제방
attempt	시도
come off	실현되다
blood	피
analyze	분석하다
propose	제안하다
reduce	줄이다
represent	대표하다
conference	회의
substitute	대신하다
injured	상처 입은
fix	결정하다
residence	주거
fix	고치다
express	표현하다
clearly	명확히
corruption	부패
expose	적발하다
adapt to	순응하다
circumstances	환경
advertise	광고하다
product	제품
enthusiastically	열심히
scare	깜짝 놀래주다
thunder	천둥
depths	깊은 곳
despair	절망
instance	사례
quote	인용하다
important	중요한
tremble	떨리다
breeze	산들바람
leap	뛰어 넘다
brook	개울
neat	깔끔한
tidy	잘 정돈된
nourish	기르다

251

● **proper** [prɑ́(ː)pər]
예의 바른

Dora is a proper young lady.
도라는 예의 바른 젊은 여성이다.

252

● **raw** [rɔː]   ● **rub** [rʌb]
껍질이 벗겨진   문지르다

His nose is raw from rubbing.
코를 비벼서 껍질이 벗겨지다.

253

● **wages** [wéidʒiz]   ● **adequate** [ǽdikwət]
임금   충분한

My wages are no longer adequate.
내 임금으로는 생활을 유지할 수 없다.

254

● **annual** [ǽnju(ə)l]
해마다의

A birthday is an annual event.
생일은 해마다 온다.

255

● **bill** [bil]   ● **due** [d(j)uː]
청구서   (지불) 기일이 된

This bill is due next week.
이 청구서의 지불 기일은 다음 주다.

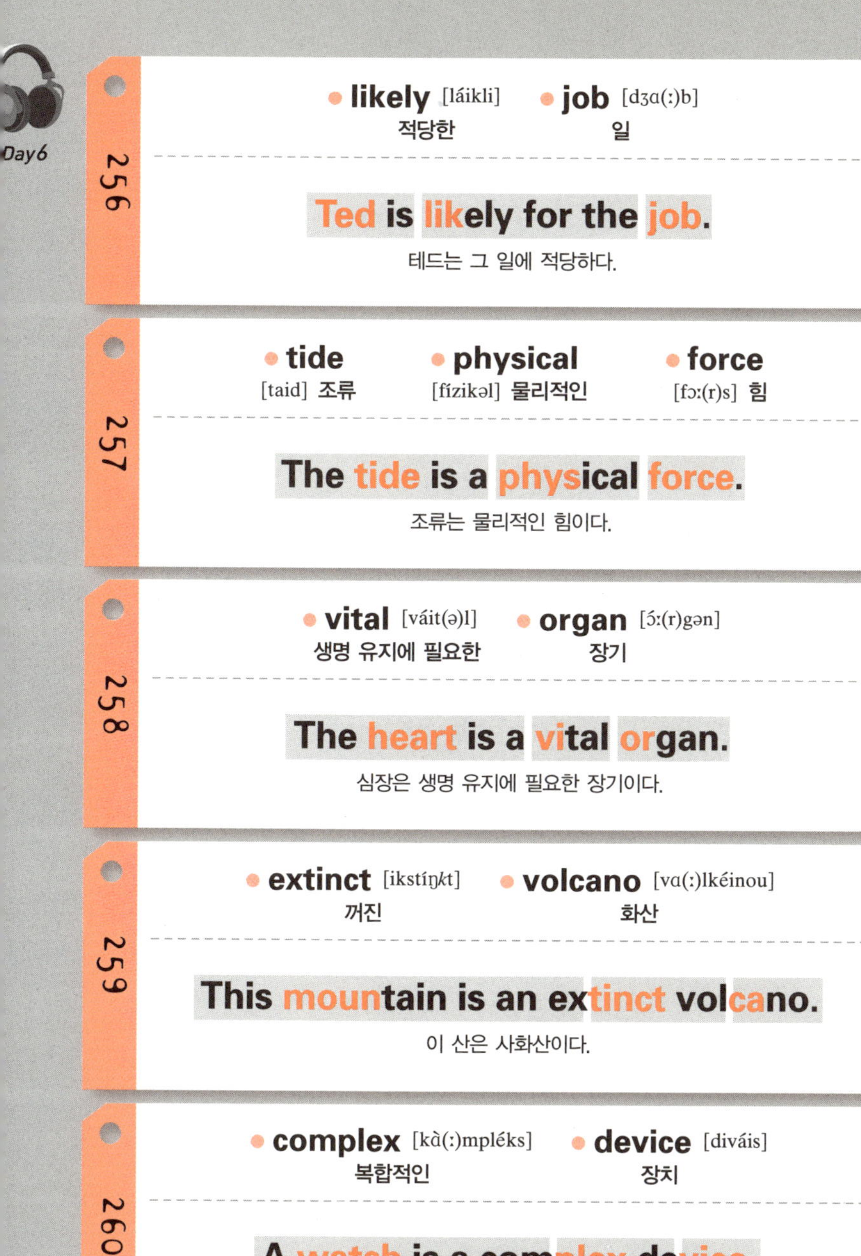

256

- **likely** [láikli]
  적당한
- **job** [dʒɑ(ː)b]
  일

Ted is likely for the job.
테드는 그 일에 적당하다.

257

- **tide** [taid] 조류
- **physical** [fízikəl] 물리적인
- **force** [fɔː(r)s] 힘

The tide is a physical force.
조류는 물리적인 힘이다.

258

- **vital** [váit(ə)l]
  생명 유지에 필요한
- **organ** [ɔ́ː(r)gən]
  장기

The heart is a vital organ.
심장은 생명 유지에 필요한 장기이다.

259

- **extinct** [ikstíŋkt]
  꺼진
- **volcano** [vɑ(ː)lkéinou]
  화산

This mountain is an extinct volcano.
이 산은 사화산이다.

260

- **complex** [kɑ̀(ː)mpléks]
  복합적인
- **device** [diváis]
  장치

A watch is a complex device.
시계는 복합적인 장치이다.

Day 6

261

- **web** [web]
거미줄
- **delicate** [délikət]
정교한

A spider's web is very delicate.
거미줄은 매우 정교하게 만들어져 있다.

262

- **exact** [igzǽkt]
정확한
- **statement** [stéitmənt]
말함

Dan is exact in his statement.
댄이 말하는 것은 정확하다.

263

- **rural** [rú(ə)rəl]
시골의

They are enjoying their rural life.
그들은 시골 생활을 만끽하고 있다.

264

- **sensitive** [sénsətiv]
민감한
- **allergen** [ǽlə(r)dʒèn]
알레르겐

The child is sensitive to allergens.
그 아이는 알레르기 물질에 민감하다.

265

- **vacant** [véikənt]
비어 있는

No vacant seats on this train.
이 열차에는 빈자리가 없다.

Day6

266

- **lack** [læk]
결여
- **sympathy** [símpəθi]
동정

He has a lack of human sympathy.

그는 동정심이 결여되어 있다.

267

- **fog** [fɑ(:)g]
안개
- **vague** [veig]
흐릿한

In a fog everything looks vague.

안개 속에서는 무엇이든 확실하게 보이지 않는다.

268

- **acquaintance** [əkwéintəns]
지식
- **astronomy** [əstrá(:)nəmi]
천문학

I have some acquaintance with astronomy.

나는 천문학에 대해 조금 알고 있다.

269

- **western** [wéstə(r)n]
서쪽의
- **aspect** [ǽspèkt]
방향

The house has a western aspect.

그 집은 서향이다.

270

- **decline** [dikláin]
몰락
- **empire** [émpàiər]
제국

The decline of the Roman Empire.

로마제국의 몰락

Day 6

271

- **degree** [digríː] 학위　　- **pharmacy** [fáː(r)məsi] 약학

Helen did a degree in pharmacy.

헬렌은 약학으로 학위를 땄다.

272

- **sufficient** [səfíʃnt] 충분한　　- **arrest** [ərést] 체포하다

No sufficient evidence to arrest him.

그를 체포할 만한 증거가 없다.

273

- **package** [pǽkidʒ] 소포　　- **express** [iksprés] 속달

We sent a package by express.

속달로 소포를 보냈다.

274

- **branch** [bræntʃ] 부문　　- **knowledge** [nɑ́(ː)lidʒ] 학문

Science is a branch of knowledge.

과학은 학문의 한 분야다.

275

- **rest** [rest] 휴식　　- **tired** [taiə(r)d] 피곤한

Lack of rest made her tired.

그녀는 휴식이 부족해서 피곤했다.

276

● **increase** [inkríːs]
커지다

● **by the minute** [mínət]
시시각각으로

My panic increased by the minute.

시시각각 나의 공포심은 커져 갔다.

277

● **excuse** [ikskjúːs]
변명

● **behavior** [bihéivjər]
행동

There is no excuse for such behavior.

그런 행동은 어떠한 경우에도 이유가 되지 않는다.

278

● **share** [ʃeər]
몫

Do your share of the work.

자신에게 주어진 일을 하시오.

279

● **go shares** [ʃeərz]
똑같이 나누다

● **expense** [ikspéns]
비용

Let's go shares in the expense.

비용을 똑같이 나누자.

280

● **pension** [pénʃən]
연금

● **support** [səpɔ́ː(r)t]
생활비

The pension was his only support.

연금이 그의 유일한 생활비였다.

281

● **surface** [sə́ː(r)fəs]
겉모습

He's very kind below the surface.

그는 겉모습과 다르게 매우 친절하다.

282

● **burst** [bəː(r)st]　무너지다　　● **bank** [bæŋk]　제방

The river burst its banks.

강의 제방이 무너졌다.

283

● **attempt** [ətémpt]　시도　　● **come off** [kʌm ɔ́(ː)f]　실현되다

The new attempt may come off.

새로운 시도는 잘 될지도 모른다.

284

● **blood** [blʌd]　피　　● **analyze** [ǽnəlàiz]　분석하다

The doctor had his blood analyzed.

의사는 그의 혈액을 분석하게 했다.

285

● **propose** [prəpóuz]　제안하다　　● **reduce** [rid(j)úːs]　줄이다

I proposed to reduce the loan.

그는 대부금을 감액할 것을 제안했다.

Day 6

286

- **represent** [rèprizént]
대표하다
- **conference** [ká(:)nfərəns]
회의

She represented Korea at the conference.
그녀는 한국을 대표해서 회의에 참석했다.

287

- **substitute** [sʌ́bstit(j)ùːt]
대신하다
- **injured** [índʒə(r)d]
상처 입은

She substituted for the injured player.
그녀는 상처를 입은 선수를 대신했다.

288

- **fix** [fiks]
결정하다
- **residence** [rézidəns]
주거

She fixed her residence in London.
그녀는 주거를 런던으로 결정했다.

289

- **fix** [fiks]
고치다

The doctor will fix you soon.
의사가 곧 당신을 치료할거다.

290

- **express** [iksprés]
표현하다
- **clearly** [klíə(r)li]
명확히

You must express your opinions clearly.
자신의 의견을 명확히 표현하시오.

291

● **corruption** [kərʌ́pʃən]
부패

● **expose** [ikspóuz]
적발하다

The police corruption case was exposed.
경찰 부패 사건이 적발되었다.

292

● **adapt to** [ədǽpt]
순응하다

● **circumstances** [sə́ː(r)kəmstæ̀nsiz]
환경

He can't adapt to new circumstances.
그는 새로운 환경에 적응하지 못했다.

293

● **advertise**
[ǽdvə(r)tàiz] 광고하다

● **product**
[prá(ː)dʌkt] 제품

● **enthusiastically**
[inθ(j)ùːziǽstikəli] 열심히

They advertise a product enthusiastically.
그들은 열심히 제품을 광고한다.

294

● **scare** [skeər]
깜짝 놀래주다

● **thunder** [θʌ́ndər]
천둥

Maggie was scared by the thunder.
메기는 천둥소리에 깜짝 놀랐다.

295

● **depths** [depθs]
깊은 곳

● **despair** [dispéər]
절망

Sarah is in the depths of despair.
사라는 깊은 절망에 빠져 있다.

Day 6

296

- **instance** [ínstəns] 사례
- **quote** [kwout] 인용하다
- **important** [impɔ́:(r)tənt] 중요한

This **in**stance was **quot**ed as im**por**tant.

이 사례가 중요한 것으로 인용되었다.

297

- **tremble** [trémbl] 떨리다
- **breeze** [bri:z] 산들바람

The **leaves trem**bled in the **breeze**.

나뭇잎이 산들바람에 흔들렸다.

298

- **leap** [li:p] 뛰어 넘다
- **brook** [bruk] 개울

Tom couldn't **leap** over this **brook**.

톰은 이 개울을 뛰어 넘지 못했다.

299

- **neat** [ni:t] 깔끔한
- **tidy** [táidi] 잘 정돈된

Her **room** is **neat** and **ti**dy.

그녀의 방은 깔끔하게 잘 정돈되어 있습니다.

300

- **nourish** [nə́:riʃ] 기르다

She **nour**ishes an **in**fant with **milk**.

그녀는 아이에게 우유를 먹이며 키웠다.

밑줄에 적당한 단어를 넣어 봅시다.

*[   ]는 본문 문장의 번호입니다.

☐☐☐ Ted is _______ for the _______.
테드는 그 일에 적당하다. [256]

☐☐☐ A watch is a _______ _______.
시계는 복합적인 장치이다. [260]

☐☐☐ I have some _______ with _______.
나는 천문학에 대해 조금 알고 있다. [268]

☐☐☐ This _______ was _______ as important.
이 사례가 중요한 것으로 인용되었다. [296]

☐☐☐ Science is a _______ of _______.
과학은 학문의 한 분야다. [274]

☐☐☐ The _______ of the Roman _______.
로마제국의 몰락 [270]

☐☐☐ The child is _______ to _______.
그 아이는 알레르기 물질에 민감하다. [264]

☐☐☐ They _______ a _______ _______.
그들은 열심히 제품을 광고한다. [293]

☐☐☐ He has a _______ of human _______.
그는 동정심이 결여되어 있다. [266]

☐☐☐ No _______ evidence to _______ him.
그를 체포할 만한 증거가 없다. [272]

☐☐☐ My panic _______ by the _______ .
시시각각 나의 공포심은 커져 갔다. [276]

☐☐☐ Do your _______ of your work.
자신에게 주어진 일을 하시오. [278]

☐☐☐ The river _______ its _______ .
강의 제방이 무너졌다. [282]

☐☐☐ The new _______ may _______ off.
새로운 시도는 잘 될지도 모른다. [283]

☐☐☐ My _______ are no longer _______ .
내 임금으로는 생활을 유지할 수 없다. [253]

☐☐☐ This _______ is _______ next week.
이 청구서의 지불기일은 다음 주다. [255]

☐☐☐ She _______ for the _______ player.
그녀는 상처를 입은 선수를 대신했다. [287]

☐☐☐ I _______ to _______ the loan.
그는 대부금을 감액할 것을 제안했다. [285]

☐☐☐ Dora is a _______ young lady.
도라는 예의 바른 젊은 여성이다. [251]

☐☐☐ You must _______ your opinions _______ .
자신의 의견을 명확히 표현하시오. [290]

오늘 외울 98단어

· **optimistic**	낙관적인
· **future**	장래
· **abolish**	폐지하다
· **nuclear**	핵
· **weapons**	무기
· **bury**	파묻다
· **eruption**	분화
· **authorities**	당국
· **inquire into**	조사하다
· **complaint**	불만
· **pretty**	상당히
· **mature**	성숙한
· **steady**	착실한
· **reliable**	신뢰할 수 있는
· **available**	소용이 되는
· **purpose**	목적
· **inferior to**	~보다 못한
· **learning**	학문
· **average**	평균의
· **intelligence**	지능
· **reach**	범위
· **reason**	도리
· **thread**	실
· **bear**	견디다
· **strain**	잡아당기다
· **fiber**	섬유질
· **content**	함유량
· **cross one's mind**	마음에 떠오르다
· **hypnotize**	매혹하다
· **performance**	연기
· **awkward**	힘든
· **dilemma**	궁지
· **brilliant**	훌륭한
· **expectation**	기대
· **convey**	전하다
· **enthusiasm**	열의
· **inherit**	물려받다
· **property**	재산
· **servant**	하인
· **obedient**	순종하다
· **share**	분배하다
· **legacy**	유산
· **settle**	해결하다
· **case**	사건
· **out of court**	당사자끼리 협의하여
· **unwise**	현명하지 못한
· **in many respects**	모든 점에서
· **accompany**	반주하다

adopt	양자로 삼다
heir	상속인
profit	이익
investment	투자
persuade	설득하다
quit	그만두다
spread	퍼뜨리다
rumor	소문
neighborhood	주위
prefer	차라리 ~하기를 좋아하다
cease	중지하다
operative	움직이는
presume	간주하다
guilty	유죄의
crime	범죄
contain	수용할 수 있다
up to	~까지
employ	쓰다
niece	조카딸
regard	~이라고 생각하다
financial	재정(상)의
crisis	위기
burglar	강도
gain	얻다
reputation	평판
compare to	비유하다
voyage	항해
place	두다
advertisement	광고
odd	한쪽의
porch	현관
curious	호기심이 강한
business	일
due to	~때문에
connections	인맥
charge	요금
mutual	서로의
respect	존경
aware	알아차리고
intention	의도
content	만족하여
in obscurity	조용히
superstition	미신
incredible	믿어지지 않는
seek	구하다
audience	알현
for my benefit	나를 위해서
candidate	응모자
law	법률
career	직업

301

● **optimistic** [ɑ̀(:)ptimístik]
낙관적인

● **future** [fjúːtʃər]
장래

Mary is optimistic about the future.
메리는 장래에 대해 낙관적이다.

302

● **abolish** [əbɑ́(:)liʃ]
폐지하다

● **nuclear weapons** [n(j)úkliər wépənz]
핵무기

We should abolish nuclear weapons.
핵무기는 폐지되어야 한다.

303

● **bury** [beri]
파묻다

● **eruption** [irʌ́pʃən]
분화

Pompeii was buried in the eruption.
폼페이는 분화로 땅 속에 파묻혔다.

304

● **authorities** [ɔ:θɔ́:rətiz] 당국

● **inquire into** [inkwáiər] 조사하다

● **complaint** [kəmpléint] 불만

The authorities inquired into his complaint.
당국은 그의 불만에 관해서 조사했다.

305

● **pretty** [príti]
상당히

● **mature** [mətʃúər]
성숙한

She's pretty mature for her age.
그녀는 나이에 비해 상당히 성숙하다.

Day 7

306

- **steady** [stédi]
착실한
- **reliable** [riláiəbl]
신뢰할 수 있는

He's a steady, reliable young man.

그는 착실하고 신뢰할 수 있는 젊은이다.

307

- **available** [əvéiləbl]
소용이 되는
- **purpose** [pə́:(r)pəs]
목적

He's not available for your purpose.

그는 당신의 목적에 소용이 없다.

308

- **inferior to** [infíəriər]
~보다 못한
- **learning** [lə́:(r)niŋ]
학문

He's inferior to me in learning.

그는 학문으로는 나보다 못하다.

309

- **average** [ǽvəridʒ]
평균의
- **intelligence** [intélidʒəns]
지능

She's of more than average intelligence.

그녀의 지능은 평균 이하다.

310

- **reach** [ri:tʃ]
범위
- **reason** [rí:z(ə)n]
도리

She's beyond the reach of reason.

그녀는 도리를 알지 못한다.

311

● **thread**
[θred] 실

● **bear**
[beər] 견디다

● **strain**
[strein] 잡아당기다

The thread won't bear the strain.

이 실은 잡아당기면 끊어집니다.

312

● **fiber** [fáibər]
섬유질

● **content** [kɑ́(:)ntent]
함유량

Pineapples have a high fiber content.

파인애플은 섬유질 함유량이 많다.

313

● **cross** [krɔ(:)s] **one's mind** [maind]
마음에 떠오르다

A good thought crossed my mind.

좋은 생각이 떠올랐다.

314

● **hypnotize** [hípnətàiz]
매혹하다

● **performance** [pə(r)fɔ́:(r)məns]
연기

I was hypnotized by her performance.

그녀의 연기에 매혹됐다.

315

● **awkward** [ɔ́:kwə(r)d]
힘든

● **dilemma** [dilémə]
궁지

He was in an awkward dilemma.

그는 힘든 궁지에 빠졌다.

Day 7

316

- **brilliant** [bríljənt]
훌륭한
- **expectation** [èkspektéiʃən]
기대

His parents have brilliant expectations for him.

그의 부모는 그의 장래에 큰 기대를 걸고 있다.

317

- **convey** [kənvéi]
전하다
- **enthusiasm** [inθ(j)úːziæzm]
열의

I conveyed my enthusiasm to my friend.

나는 나의 열의를 친구에게 전했다.

318

- **inherit** [inhérət]
물려받다
- **property** [prá(ː)pə(r)ti]
재산

He inherited the property from his father.

그는 아버지로부터 재산을 물려받았다.

319

- **servant** [sə́ː(r)vənt]
하인
- **obedient** [oubíːdiənt]
순종하는

The servant is obedient to his master.

그 하인은 주인의 말을 잘 듣는다.

320

- **share** [ʃeər]
분배하다
- **legacy** [légəsi]
유산

He shared a legacy with his sister.

그는 여동생과 유산을 분배했다.

Day 7

321

● **settle**
[setl] 해결하다

● **case**
[keis] 사건

● **out of court**
[kɔ:(r)t] 당사자끼리 협의하여

We settled the case out of court.
그들은 그 사건을 당사자끼리 합의하여 해결했다.

322

● **unwise** [ʌnwáiz]
현명하지 못한

● **in many respects** [rispékts]
모든 점에서

The plan was unwise in many respects.
그 계획은 모든 점에서 현명하지 못했다.

323

● **accompany** [əkʌ́mpəni]
반주하다

She accompanied the singer on the piano.
그녀는 가수를 위해 피아노 반주를 했다.

324

● **adopt** [ədá(:)pt]
양자로 삼다

● **heir** [eər]
상속인

He adopts a child as his heir.
그는 상속자로서 아이를 양자로 삼았다.

325

● **profit** [prá(:)fit]
이익

● **investment** [invéstmənt]
투자

Luis made a profit on the investment.
루이스는 그 투자로 이익을 얻었다.

Day 7

326

- **persuade** [pə(r)swéid]
설득하다

- **quit** [kwit]
그만두다

I'll persuade her to quit her job.

나는 일을 그만두라고 그녀를 설득할 작정이다.

327

- **spread**
[spred] 퍼뜨리다

- **rumor**
[rú:mər] 소문

- **neighborhood**
[néibə(r)hùd] 주위

She spreads a rumor in the neighborhood.

그녀는 주위에 소문을 퍼뜨렸다.

328

- **prefer** [prifə́:r]
차라리 ~하기를 좋아하다

I prefer death to surrender.

항복하는 것보다 죽는 편이 낫다.

329

- **cease** [si:s]
중지하다

- **operative** [á(:)pərətiv]
움직이는

The train has ceased to be operative.

그 열차는 움직임을 멈췄다.

330

- **presume**
[priz(j)ú:m] 간주하다

- **guilty**
[gílti] 유죄의

- **crime**
[kraim] 범죄

She was presumed guilty of the crime.

그녀는 유죄라고 간주되었다.

331

● **contain** [kəntéin]
수용할 수 있다

● **up to**
～까지

This hall contains up to fifty people.

이 홀은 50명까지 수용할 수 있다.

332

● **employ** [implɔ́i]
쓰다

His hobby employs much of his money.

그는 취미에 돈을 많이 써버렸다.

333

● **niece** [ni:s]
조카딸

● **regard** [rigá:(r)d]
～이라고 생각하다

My niece regards me as a hero.

조카딸은 나를 영웅이라고 생각한다.

334

● **financial** [fainǽnʃəl]
재정(상)의

● **crisis** [kráisis]
위기

Our company is in a financial crisis.

우리 회사는 재정 위기에 빠져 있다.

335

● **burglar** [bə́:(r)glər]
강도

The burglar threatened her with a gun.

그 강도는 그녀를 총으로 위협했다.

Day 7

336

- **gain** [gein]
얻다
- **reputation** [rèpjutéiʃən]
평판

He gained a reputation as an artist.

그는 예술가로서 이름을 떨쳤다.

337

- **compare** [kəmpéər] **to**
비유하다
- **voyage** [vɔ́iidʒ]
항해

Life is often compared to a voyage.

인생은 곧잘 항해에 비유된다.

338

- **place** [pleis]
두다
- **advertisement** [ædvə(r)táizmənt]
광고

She placed an advertisement in a newspaper.

그녀는 신문에 광고를 실었다.

339

- **odd** [ɑ(:)d]
한쪽의
- **porch** [pɔː(r)tʃ]
현관

There's an odd shoe on the porch.

현관에는 구두 한짝뿐이다.

340

- **curious** [kjúəriəs]
호기심이 강한
- **business** [bíznəs]
일

He's too curious about other people's business.

그는 다른 사람의 일에 너무 호기심이 강하다.

341

- **due** [d(j)uː] **to**
  ~ 때문에
- **connections** [kənékʃənz]
  인맥

His success was due to his connections.

그의 성공은 인맥 덕분이었다.

342

- **charge** [tʃɑː(r)dʒ]
  요금

The hotel is moderate in its charges.

그 호텔의 요금은 적당하다.

343

- **mutual** [mjúːtʃuəl]
  서로의
- **respect** [rispékt]
  존경

They have mutual respect for each other.

그들은 서로 존경하고 있다.

344

- **aware** [əwéər]
  알아차리고
- **intention** [inténʃən]
  의도

He became aware of my intention.

그는 내 의도를 알아차렸다.

345

- **content** [kəntént]
  만족하여
- **in obscurity** [əbskjúərəti]
  조용히

He was content to live in obscurity.

그는 은둔생활에 만족하고 있다.

Day 7

346

- **superstition** [sù:pə(r)stíʃən]
  미신
- **incredible** [inkrédəbl]
  믿어지지 않는

Many old superstitions seem incredible to us.

많은 옛 미신들은 우리들에게는 믿기지 않는다.

347

- **seek** [si:k]
  구하다
- **audience** [ɔ́:diəns]
  알현

He sought an audience with the king.

그는 왕에게 알현을 청했다.

348

- **for my benefit** [bénifit]
  나를 위해서

Was he doing that for my benefit?

그는 나를 위해서 그것을 했습니까?

349

- **candidate** [kǽndidèit]
  응모자

There are twenty candidates for the job.

그 일에 20명의 응모자들이 있습니다.

350

- **law** [lɔ:]
  법률
- **career** [kəríər]
  직업

She planned to make law her career.

그녀는 법률을 직업으로 할 계획을 세웠다.

밑줄에 적당한 단어를 넣어 봅시다.

*[   ]는 본문 문장의 번호입니다.

☐☐☐ He's not ________ for your ________.
그는 당신의 목적에 소용이 없다. [307]

☐☐☐ The ________ won't ________ the ________.
이 실은 잡아당기면 끊어집니다. [311]

☐☐☐ Pineapples have a high ________ ________.
파인애플은 섬유질 함유량이 많다. [312]

☐☐☐ Mary is ________ about the ________.
메리는 장래에 대해 낙관적이다. [301]

☐☐☐ The ________ ________ into his ________.
당국은 그의 불만에 관해서 조사했다. [304]

☐☐☐ He's a ________, ________ young man.
그는 착실하고 신뢰할 수 있는 젊은이다. [306]

☐☐☐ He ________ a ________ with his sister.
그는 여동생과 유산을 분배했다. [320]

☐☐☐ He's too ________ about other people's ________.
그는 다른 사람의 일에 너무 호기심이 강하다. [340]

☐☐☐ There are twenty ________ for the job.
그 일에 20명의 응모자들이 있습니다. [349]

☐☐☐ He ________ a child as his ________.
그는 상속자로서 아이를 양자로 삼았다. [324]

☐☐☐ Luis made a_________ on the_________.
루이스는 그 투자로 이익을 얻었다. [325]

☐☐☐ This hall_________ _________ to fifty people.
이 홀은 50명까지 수용할 수 있다. [331]

☐☐☐ She's of more than_________ _________.
그녀의 지능은 평균 이하다. [309]

☐☐☐ He_________ the_________ from his father.
그는 아버지로부터 재산을 물려받았다. [318]

☐☐☐ His parents have_________ _________ for him.
그의 부모는 그의 장래에 큰 기대를 걸고 있다. [316]

☐☐☐ She_________ a_________ in the_________.
그녀는 주위에 소문을 퍼뜨렸다. [327]

☐☐☐ The hotel is_________ in its_________.
그 호텔의 요금은 적당하다. [342]

☐☐☐ He became_________ of my_________.
그는 내 의도를 알아차렸다. [344]

☐☐☐ My niece_________ me as a hero.
조카딸은 나를 영웅이라고 생각한다. [333]

☐☐☐ He_________ a_________ as an artist.
그는 예술가로서 이름을 떨쳤다. [336]

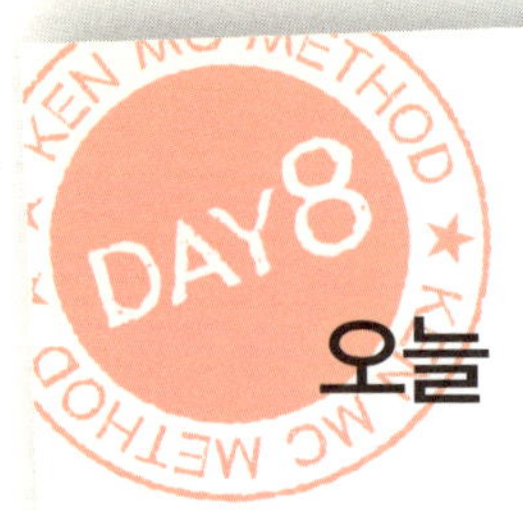

오늘 외울 **109** 단어

presence	존재	appetite	식욕
comfort	위로	anxious for	갈망하는
pay	갚다	happiness	행복
debt	빚	represent	주장하다
extent	정도	importance	중요성
trust	신용하다	document	문서
derive	얻다	approach	접근하다
gain	이익	politician	정치가
deal	거래	bribe	뇌물
minute	순간	sentence	형을 선고하다
plant	기계 장치	life in prison	종신형
hire	단기로 빌리다	torture	고문하다
lease	장기로 빌리다	extract	받아내다
pollution	오염	confession	자백
kill off	절멸시키다	attach	배속하다
receive	받다	personnel	인사의
praise	칭찬	department	부문
critic	비평가	desire	원하다
prospect	조망	respectful	예의 바른
grand	웅대한	avenge	복수하다
prospect	예상	insult	모욕
pleasant	즐거운	honor	명예
regard	배려	affair	불륜
view	의견	staff member	직원
topic	화제	influence	영향력
be on welfare	생활 보호를 받다	decrease	축소되다

pleasure	즐거움		afford	주다
lament	슬픔		pleasure	즐거움
substance	물질		act	행동하다
cancer	암		reasonably	이성적으로
exhibit	나타내다		diagnosis	진단
emotion	감정		prove	판명되다
evolution	진화		accurate	정확한
result	결과		cause	일으키다
selection	도태		environmental	환경의
censor	검열관		excellent	뛰어난
judge	판정하다		exercise	운동
obscene	음란한		homicide	살인
value	가치		occur	일어나다
play	역할을 다하다		in succession	연속해서
appropriate	고유의		command	자유자재로 구사하다
fertile	기름진		vocabulary	어휘
soil	토양		command	내려다보이다
yield	산출하다		view	경치
crop	곡물		fine	벌금
cover	취재하다		impose	부과하다
foreign affairs	외교 문제		violator	위반자
self-defense	정당 방위		appear	~인 것 같이 보이다
recognize	인정하다		rotten	썩은
character	문자		apply	적합하다
represent	나타내다		significant	중요한
syllable	음절		contribution	공헌
research	연구		spoil	망치다
decade	10년간			
witness	목격하다			
war	전쟁			

351

- **presence** [préz(ə)ns] 존재
- **comfort** [kʌ́mfə(r)t] 위로

Her presence was a comfort to him.

그녀의 존재는 그에게 위로가 되었다.

352

- **pay** [pei] 갚다
- **debt** [det] 빚

I have paid a debt in full.

빚을 전부 갚았다.

353

- **extent** [ikstént] 정도
- **trust** [trʌst] 신용하다

To what extent can he be trusted?

어느 정도까지 그를 신용할 수 있을까?

354

- **derive** [diráiv] 얻다
- **gain** [gein] 이익
- **deal** [díːl] 거래

They derived no gain from the deal.

그 거래로 그들이 얻을 것은 아무것도 없었다.

355

- **minute** [mínət] 순간

I enjoyed every minute of the holiday.

휴일을 마음껏 즐겼다.

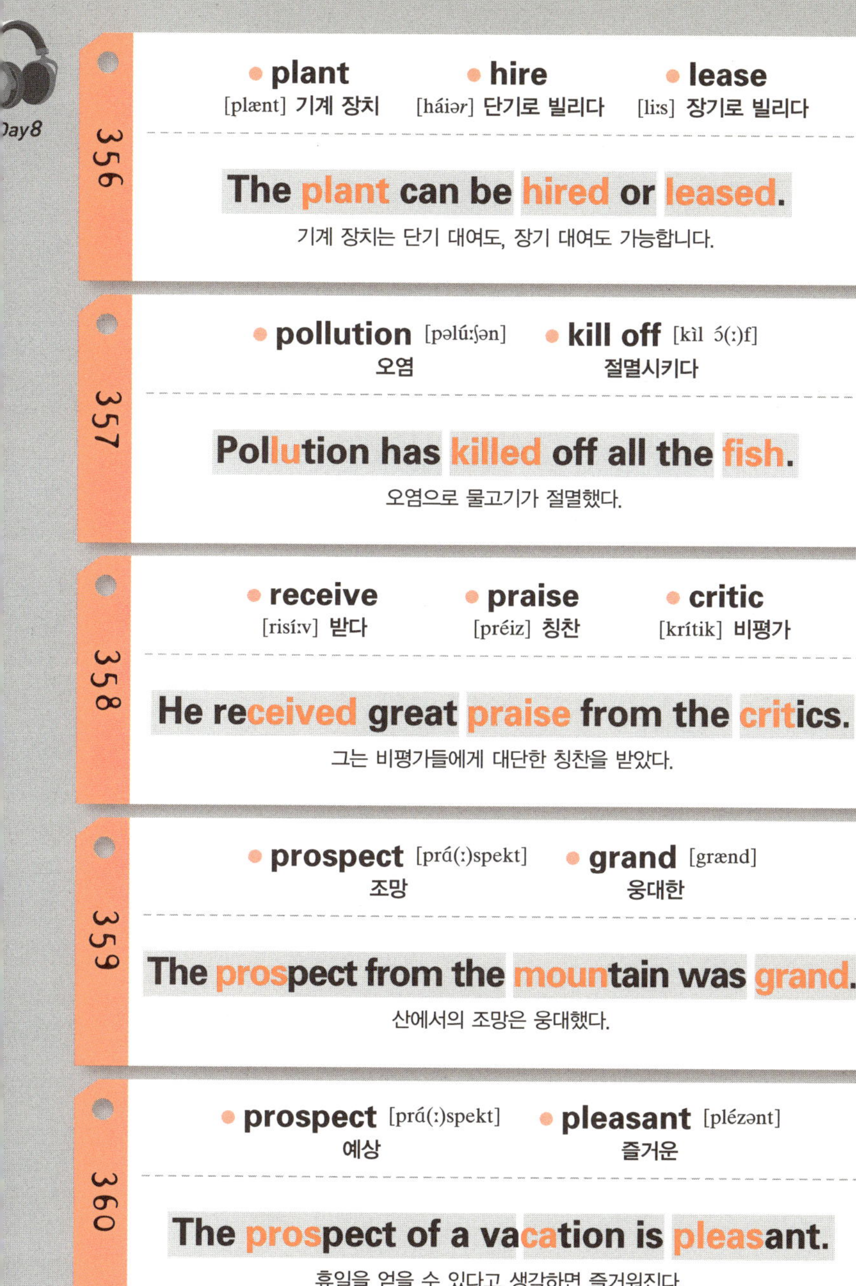

356

- **plant** [plænt] 기계 장치
- **hire** [háiər] 단기로 빌리다
- **lease** [liːs] 장기로 빌리다

The plant can be hired or leased.
기계 장치는 단기 대여도, 장기 대여도 가능합니다.

357

- **pollution** [pəlúːʃən] 오염
- **kill off** [kìl ɔ́(ː)f] 절멸시키다

Pollution has killed off all the fish.
오염으로 물고기가 절멸했다.

358

- **receive** [risíːv] 받다
- **praise** [préiz] 칭찬
- **critic** [krítik] 비평가

He received great praise from the critics.
그는 비평가들에게 대단한 칭찬을 받았다.

359

- **prospect** [prá(ː)spekt] 조망
- **grand** [grænd] 웅대한

The prospect from the mountain was grand.
산에서의 조망은 웅대했다.

360

- **prospect** [prá(ː)spekt] 예상
- **pleasant** [plézənt] 즐거운

The prospect of a vacation is pleasant.
휴일을 얻을 수 있다고 생각하면 즐거워진다.

361

● **regard** [rigá:(r)d]
배려

Have regard for the feelings of others.

다른 사람이 어떻게 느끼고 있는지 배려하세요.

362

● **view** [vju:]　● **topic** [tá(:)pik]
의견　　　　　화제

What are your views on the topic?

그 건에 대해서 당신의 의견은 무엇입니까?

363

● **be on welfare** [wélfèər]
생활 보호를 받다

Thirty percent of them are on welfare.

그들의 30%는 생활 보호를 받고 있다.

364

● **appetite** [ǽpitàit]
식욕

I have lost my appetite for meat.

고기를 먹고 싶은 생각이 없어졌습니다.

365

● **anxious for** [ǽŋkʃəs]　● **happiness** [hǽpinəs]
갈망하는　　　　　　　행복

My father is anxious for my happiness.

아버지는 나의 행복을 원하고 있다.

Day8

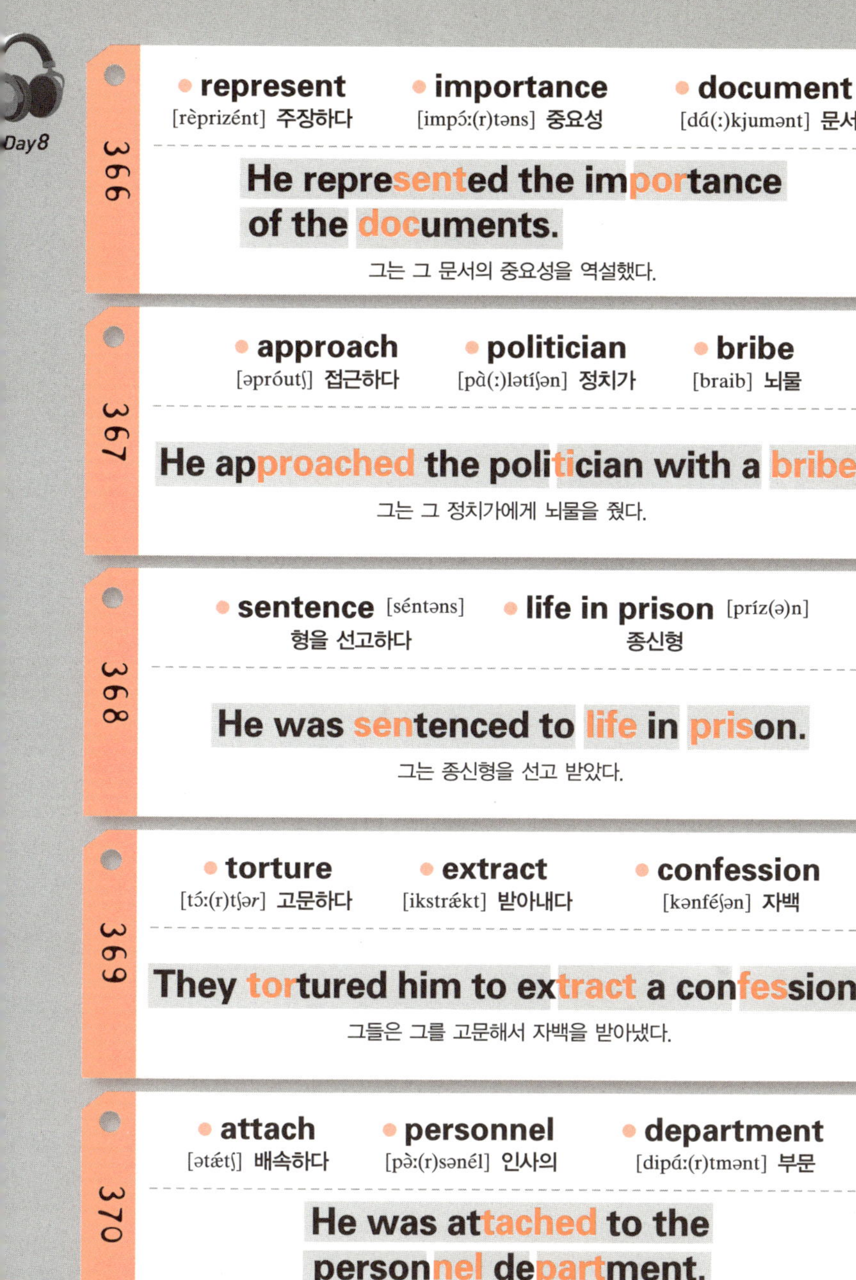

366

- **represent** [rèprizént] 주장하다
- **importance** [impɔ́:(r)təns] 중요성
- **document** [dá(:)kjumənt] 문서

He repre**sent**ed the im**por**tance of the **docu**ments.

그는 그 문서의 중요성을 역설했다.

367

- **approach** [əpróutʃ] 접근하다
- **politician** [pà(:)lətíʃən] 정치가
- **bribe** [braib] 뇌물

He ap**proached** the poli**ti**cian with a **bribe**.

그는 그 정치가에게 뇌물을 줬다.

368

- **sentence** [séntəns] 형을 선고하다
- **life in prison** [príz(ə)n] 종신형

He was **sen**tenced to **life** in **pris**on.

그는 종신형을 선고 받았다.

369

- **torture** [tɔ́:(r)tʃər] 고문하다
- **extract** [ikstrǽkt] 받아내다
- **confession** [kənféʃən] 자백

They **tor**tured him to ex**tract** a con**fes**sion.

그들은 그를 고문해서 자백을 받아냈다.

370

- **attach** [ətǽtʃ] 배속하다
- **personnel** [pə̀:(r)sənél] 인사의
- **department** [dipá:(r)tmənt] 부문

He was at**tached** to the person**nel** de**part**ment.

그는 인사과에 배속되었다.

371

- **desire** [dizaiər]
원하다
- **respectful** [rispéktfəl]
예의 바른

I desire my students to be respectful.
나는 학생들이 예의 바르길 원한다.

372

- **avenge** [əvéndʒ] 복수하다
- **insult** [ínsʌlt] 모욕
- **honor** [á(:)nər] 명예

I'll avenge an insult on my honor.
나는 모욕을 당한 앙갚음을 할 작정이다.

373

- **affair** [əféər]
불륜
- **staff member** [stǽf mémbər]
직원

He's having an affair with his staff member.
그는 직원과 불륜 관계에 있다.

374

- **influence** [ínfluəns]
영향력
- **decrease** [di:krí:s]
축소되다

Peter's influence slowly decreased.
피터의 영향력은 서서히 축소되었다.

375

- **pleasure** [plézər]
즐거움
- **lament** [ləmént]
슬픔

Short pleasure, long lament.
즐거움은 짧고, 슬픔은 길다.

Day8

376

- **substance** [sʌ́bstəns]
물질
- **cancer** [kǽnsər]
암

This substance causes cancer.
이 물질은 암을 유발한다.

377

- **exhibit** [igzíbət]
나타내다
- **emotion** [imóuʃən]
감정

Kate exhibited no emotion.
케이트는 감정을 전혀 나타내지 않았다.

378

- **evolution** [èvəlúːʃən] 진화
- **result** [rizʌ́lt] 결과
- **selection** [səlékʃən] 도태

Evolution is a result of natural selection.
진화는 자연 도태의 결과다.

379

- **censor** [sénsər] 검열관
- **judge** [dʒʌ́dʒ] 판정하다
- **obscene** [əbsíːn] 음란한

The censor judged his book obscene.
검열관은 그의 책을 음란하다고 판정했다.

380

- **value** [vǽljuː]
가치

Gold exceeds silver in value.
금은 은보다 가치가 있다.

381

- **play** [plei] 역할을 다하다
- **appropriate** [əpróupriət] 고유의

Each played his appropriate part.
각자가 독자적인 역할을 다했다.

382

- **fertile** [fə́:(r)tl] 기름진
- **soil** [sɔil] 토양
- **yield** [ji:ld] 산출하다
- **crop** [krɑ(:)p] 곡물

Fertile soil yields good crops.
기름진 토양이 좋은 곡물을 수확한다.

383

- **cover** [kʌ́vər] 취재하다
- **foreign affairs** [fɔ́(:)r(ə)n əféərz] 외교 문제

The reporter covers foreign affairs.
그 기자는 외교 문제를 취재한다.

384

- **self-defense** [sèlf diféns] 정당 방위
- **recognize** [rékəgnàiz] 인정하다

Self-defense isn't always recognized.
정당 방위가 언제나 용인된다고는 할 수 없다.

385

- **character** [kǽrəktər] 문자
- **represent** [rèprizént] 나타내다
- **syllable** [síləbl] 음절

Each character represents a syllable.
각각의 문자가 음절을 나타낸다.

Day8

386

● **research** [ríːsə́ː(r)tʃ]
연구

The research offers no prospects.

그 연구는 가망이 없다.

387

● **decade** [dékeid] 10년간   ● **witness** [wítnəs] 목격하다   ● **war** [wɔːr] 전쟁

The decade witnessed several wars.

10년간 몇 번의 전쟁을 겪었다.

388

● **afford** [əfɔ́ː(r)d] 주다   ● **pleasure** [pléʒər] 즐거움

Reading affords me great pleasure.

독서는 나에게 큰 즐거움을 준다.

389

● **act** [ækt] 행동하다   ● **reasonably** [ríːzənəbli] 이성적으로

Act reasonably in all situations.

어떠한 상황에서도 이성적으로 행동하라.

390

● **diagnosis** [dàiəgnóusis] 진단   ● **prove** [pruːv] 판명되다   ● **accurate** [ǽkjərət] 정확한

The doctor's diagnosis proved accurate.

그 의사의 진단은 정확하다고 판명됐다.

391

- **cause** [kɔːz] 일으키다
- **environmental** [invàiərənmént(ə)l] 환경의

Only man causes environmental pollution.

환경오염을 일으키는 것은 인간뿐이다.

392

- **excellent** [éksələnt] 뛰어난
- **exercise** [éksə(r)sàiz] 운동

Swimming is excellent for all-around exercise.

수영은 전신 운동에 뛰어나다.

393

- **homicide** [há(ː)misàid] 살인
- **occur** [əkə́ːr] 일어나다
- **in succession** [səkséʃən] 연속해서

Several homicides have occurred in succession.

몇 건의 살인이 연속해서 일어났다.

394

- **command** [kəmǽnd] 자유자재로 구사하다
- **vocabulary** [voukǽbjulèri] 어휘

You can command a large vocabulary.

당신은 풍부한 어휘를 자유자재로 구사할 수 있다.

395

- **command** [kəmǽnd] 내려다보이다
- **view** [vjuː] 경치

My house commands a fine view.

내 집에서 내려다보이는 경치는 훌륭하다.

Day8

396

- **fine** [fain] 벌금
- **impose** [impóuz] 부과하다
- **violator** [váiəlèitər] 위반자

Fines are imposed on traffic violators.

교통 위반자에게는 벌금이 부과된다.

397

- **appear** [əpíər] ~인 것 같이 보이다
- **rotten** [rá(:)t(ə)n] 썩은

The grapefruit appears rotten inside.

그 그레이프 프루트는 속이 썩은 것 같다.

398

- **apply** [əplái] 적합하다

This book doesn't apply to children.

이 책은 아이들에게 적합하지 않다.

399

- **significant** [signífikənt] 중요한
- **contribution** [kà(:)ntribjú:ʃən] 공헌

Gene made significant contributions to medicine.

진은 의학에 중요한 공헌을 했다.

400

- **spoil** [spɔil] 망치다

The heavy rain spoiled our vacation.

큰 비가 휴일을 망쳤다.

밑줄에 적당한 단어를 넣어 봅시다.

*[   ]는 본문 문장의 번호입니다.

☐☐☐ I enjoyed every ________ of the holiday.
휴일을 마음껏 즐겼다. [355]

☐☐☐ He ________ the ________ with a bribe.
그는 그 정치가에게 뇌물을 줬다. [367]

☐☐☐ What are your ________ on the ________?
그 건에 대해서 당신의 의견은 무엇입니까? [362]

☐☐☐ He was ________ to the ________ department.
그는 인사과에 배속되었다. [370]

☐☐☐ The doctor's ________ proved ________.
그 의사의 진단은 정확하다고 판명됐다. [390]

☐☐☐ The ________ can be ________ or leased.
기계 장치는 단기 대여도, 장기 대여도 가능합니다. [356]

☐☐☐ My father is ________ for my happiness.
아버지는 나의 행복을 원하고 있다. [365]

☐☐☐ You can ________ a large ________.
당신은 풍부한 어휘를 자유자재로 구사할 수 있다. [394]

☐☐☐ I'll ________ an ________ on my honor.
나는 모욕을 당한 앙갚음을 할 작정이다. [372]

☐☐☐ ________ isn't always ________.
정당 방위가 언제나 용인된다고는 할 수 없다. [384]

□□□ To what________ can he be________ ?
어느 정도까지 그를 신용할 수 있을까? [353]

□□□ Peter's________ slowly________ .
피터의 영향력은 서서히 축소되었다. [374]

□□□ The________ ________ several wars.
10년간 몇 번의 전쟁을 겪었다. [387]

□□□ The grapefruit________ ________ inside.
그 그레이프 프루트는 속이 썩은 것 같다. [397]

□□□ Each________ his________ part.
각자가 독자적인 역할을 다했다. [381]

□□□ The heavy rain________ our vacation.
큰 비가 휴일을 망쳤다. [400]

□□□ Kate________ no________ .
케이트는 감정을 전혀 나타내지 않았다. [377]

□□□ Several________ have occurred in________ .
몇 건의 살인이 연속해서 일어났다. [393]

□□□ He________ great praise from the________ .
그는 비평가들에게 대단한 칭찬을 받았다. [358]

□□□ He________ the importance of the________ .
그는 그 문서의 중요성을 역설했다. [366]

오늘 외울 **109** 단어

· **harvest**	수확		· **growth**	성장
· **expenditure**	지출		· **decay**	쇠퇴
· **refugee**	난민		· **vital**	생명의
· **famine**	기아		· **process**	과정
· **feature**	주연시키다		· **lead**	지내다
· **popular**	인기 있는		· **active**	활동적인
· **actress**	여배우		· **primary**	본래의
· **feed**	먹이를 주다		· **instinct**	본능
· **feed**	즐겁게 하다		· **envelope**	봉투
· **sweep away**	휩쓸어 가다		· **bear**	가지다
· **current**	흐름		· **civilization**	문명
· **cure**	치료하다		· **arise**	생기다
· **heart disease**	심장병		· **guarantee**	보증하다
· **wear**	띠고 있다		· **cure**	치료
· **angry**	화난		· **custom**	습관
· **expression**	표정		· **gradually**	서서히
· **promotion**	승진		· **district**	지방
· **depend on**	~에 달려 있다		· **produce**	생산하다
· **performance**	성과		· **in haste**	급하게
· **admission**	입장		· **repent**	후회하다
· **seldom**	좀처럼 ~않다		· **at leisure**	천천히
· **allow**	허락하다		· **contain**	포함하다
· **take interest in**	~에 흥미를 갖다		· **useless**	쓸모없는
· **contemporary**	현대의		· **matter**	내용
· **literature**	문학		· **further**	더 이상
· **attitude**	자세		· **at present**	요즈음

plant	공장	jury	배심원
abroad	해외에	return	평결하다
recently	최근에	verdict	판결
remark	말	establish	설립하다
hurt	상하게 하다	encourage	조장하다
ignore	무시하다	idle	게으른
traffic	교통	accent	강세
light	신호	fall on	해당하다
divide	나누다	contribute	기부하다
stare	뚫어지게 보다	fund	기금
confusion	당황	issue	내리다
entrepreneur	기업가	statement	성명
achieve	얻다	news agency	통신사
triumph	성공	assignment	숙제
a flood of	쇄도	engage	(시간을) 채우다
applicant	응모자	president	사장
article	논문	engage	고용하다
cite	인용하다	professor	교수
authority	출전	survey	조사하다
grab	붙잡다	region	지역
juvenile delinquent	비행 소년	commit	범하다
solid	고체의	budget	예산
state	상태	Diet	국회
triangle	삼각형	amendment	수정
common	공통의	the accused	피고인
base	토대	demand	요구하다
artist	예술가	trial	재판
individual	개성적인		
convenient	가까워서 편리한		
transportation	교통 기관		

401

- **harvest** [háː(r)vist]
수확

The fields yield a good harvest.
그 밭에서 좋은 수확을 거둔다.

402

- **expenditure** [ikspéndit∫ə*r*]
지출

Most of the companies reduce expenditures.
대부분의 회사들이 경비를 삭감하고 있다.

403

- **refugee** [rèfjudʒíː]
난민

- **famine** [fǽmin]
기아

Japan accepted refugees from the famine.
일본은 기아 난민을 받아들었다.

404

- **feature**
[fíːt∫ə*r*] 주연시키다

- **popular**
[pá(ː)pjulə*r*] 인기 있는

- **actress**
[ǽktrəs] 여배우

This film features a popular actress.
이 영화는 인기 있는 여배우가 주연을 한다.

405

- **feed** [fíːd]
먹이를 주다

Don't forget to feed the dog.
개에게 먹이 주는 것을 잊지 말아라.

Day 9

406

- **feed** [fiːd]
즐겁게 하다

This picture always feeds my eyes.

이 그림은 언제나 내 눈을 즐겁게 한다.

407

- **sweep away** [swìːp əwéi]
휩쓸어 가다
- **current** [kə́:rənt]
흐름

The boat was swept away by the current.

그 보트는 흐름에 휩쓸려 갔다.

408

- **cure** [kjuər]
치료하다
- **heart disease** [hɑ́:(r)t dizìːz]
심장병

The doctor can cure heart disease.

그 의사는 심장병을 치료할 수 있다.

409

- **wear**
[weər] 띠고 있다
- **angry**
[ǽŋgri] 화난
- **expression**
[ikspréʃən] 표정

Her face wore an angry expression.

그녀의 화난 표정이 얼굴에 드러났다.

410

- **promotion**
[prəmóuʃən] 승진
- **depend on**
[dipénd] ~에 달려 있다
- **performance**
[pə(r)fɔ́:(r)məns] 성과

Promotion depends on your job performance.

승진은 일의 성과에 달렸다.

411

- **admission** [ədmíʃən] 입장
- **seldom** [séldəm] 좀처럼 ~않다
- **allow** [əláu] 허락하다

Admission is seldom allowed to outsiders.

외부인은 좀처럼 입장을 허락하지 않는다.

412

- **take interest in** [ínt(ə)rəst] ~에 흥미를 갖다
- **contemporary** [kəntémpərèri] 현대의
- **literature** [lít(ə)rətʃər] 문학

Fan takes interest in contemporary literature.

프랑은 현대 문학에 흥미가 있다.

413

- **attitude** [ǽtət(j)ùːd] 자세

He took a positive attitude toward life.

그는 인생에 대해 긍정적인 자세를 취했다.

414

- **growth** [grouθ] 성장
- **decay** [dikéi] 쇠퇴
- **vital** [váit(ə)l] 생명의
- **process** [prá(ː)ses] 과정

Growth and decay are vital processes.

성장과 쇠퇴는 생명의 과정이다.

415

- **lead** [liːd] 지내다
- **active** [ǽktiv] 활동적인

He always leads an active life.

그는 언제나 바쁜 생활을 하고 있다.

416

- **primary** [práimèri]
본래의

- **instinct** [ínstiŋkt]
본능

Animals have a few primary instincts.

동물에게는 원시적 본능이 있다.

417

- **envelope** [énvəlòup]
봉투

- **bear** [beər]
가지다

This envelope bears the wrong address.

이 봉투는 받는 사람 이름이 틀렸다.

418

- **civilization** [sìv(ə)ləzéiʃən]
문명

- **arise** [əráiz]
생기다

How does a great civilization arise?

위대한 문명은 어떻게 생겨났을까?

419

- **guarantee** [gærəntí:]
보증하다

- **cure** [kjuər]
치료

No doctor will guarantee his cure.

그의 치료를 장담하는 의사는 없다.

420

- **custom** [kʌ́stəm]
습관

- **gradually** [grǽdʒuəli]
서서히

Customs change gradually over the years.

습관은 세월과 함께 서서히 바뀐다.

421

● **district** [dístrikt]　● **produce** [prəd(j)úːs]
지방　　　　　　　　　생산하다

This district produces some fine wines.
이 지방은 양질의 와인을 생산한다.

422

● **in haste**　● **repent**　● **at leisure**
[heist] 급하게　[ripént] 후회하다　[líːʒər] 천천히

Marry in haste, repent at leisure.
결혼은 급하게, 후회는 천천히

423

● **contain**　● **useless**　● **matter**
[kəntéin] 포함하다　[júːsləs] 쓸모없는　[mǽtər] 내용

The book contains much useless matter.
그 책에는 쓸모없는 내용이 많이 있다.

424

● **further** [fə́ː(r)ðər]　● **at present** [préz(ə)nt]
더 이상　　　　　　　요즈음

Don't accept further orders at present.
지금 당장은 더 이상 주문을 받지 말아주세요.

425

● **plant**　● **abroad**　● **recently**
[plænt] 공장　[əbrɔ́ːd] 해외에　[ríːs(ə)ntli] 최근에

They built a plant abroad recently.
그들은 최근에 해외에 공장을 건설했다.

Day 9

426

- **remark** [rimáː(r)k]
  말
- **hurt** [həː(r)t]
  상하게 하다

His remark hurt my pride deeply.

그의 말은 나의 자존심에 깊은 상처를 주었다.

427

- **ignore** [ignɔ́ːr] 무시하다
- **traffic** [træfik] 교통
- **light** [lait] 신호

That car ignored the traffic lights.

저 차는 교통 신호를 무시했다.

428

- **divide** [diváid]
  나누다

Fifteen divided by three is five.

15 나누기 3은 5다.

429

- **stare** [steər]
  뚫어지게 보다
- **confusion** [kənfjúːʒən]
  당황

Tom stared the girl into confusion.

톰이 뚫어지게 봐서 소녀는 당황했다.

430

- **entrepreneur** [àːntrəprənúːr] 기업가
- **achieve** [ətʃíːv] 얻다
- **triumph** [tráiʌmf] 성공

The entrepreneur achieved a great triumph.

그 기업가는 대성공을 거뒀다.

Day 9

431

● **a flood** [flʌd] **of**　　● **applicant** [ǽplikənt]
　쇄도　　　　　　　　　응모자

A flood of applicants kept coming.
응모자들의 쇄도가 계속되었다.

432

● **article**　　● **cite**　　● **authority**
[á:(r)tikl] 논문　[sait] 인용하다　[ɔ:θɔ́:rəti] 출전

Her article didn't cite any authorities.
그녀의 논문에는 출전이 인용되어 있지 않았다.

433

● **grab** [græb]
붙잡다

Jack grabbed her around the waist.
잭은 그녀의 허리를 꼭 붙잡았다.

434

● **juvenile delinquent** [dʒú:vənail dilíŋkwənt]
비행 소년

The juvenile delinquent denied the fact.
그 비행 소년은 그 사실은 부정했다.

435

● **solid** [sá(:)ləd]　　● **state** [steit]
　고체의　　　　　상태

Water in a solid state is ice.
물을 고체화시킨 것이 얼음이다.

436

- **triangle** [tráiæ̀ŋgl] 삼각형
- **common** [kɑ́(:)mən] 공통의
- **base** [beis] 토대

The two triangles have a common base.

두 개의 삼각형은 밑변을 공유하고 있다.

437

- **artist** [ɑ́ː(r)təst] 예술가
- **individual** [ìndivídʒuəl] 개성적인

The artist has a very individual style.

그 예술가는 굉장히 개성적인 스타일을 가지고 있다.

438

- **convenient** [kənvíːniənt] 가까워서 편리한
- **transportation** [træ̀nspə(r)téiʃən] 교통 기관

Their house is convenient to all transportation.

그들의 집은 모든 교통 기관과 가까워 편리하다.

439

- **jury** [dʒúəri] 배심원
- **return** [ritə́ː(r)n] 평결하다
- **verdict** [və́ː(r)dikt] 판결

The jury returned a verdict of guilty.

배심원은 유죄 판결을 내렸다.

440

- **establish** [istǽbliʃ] 설립하다

Our company was established in two thousand.

우리 회사는 2000년에 설립되었다.

441

- **encourage** [inkə́ːridʒ]
조장하다
- **idle** [áidl]
게으른

Don't encourage them in their idle ways.

그들의 게으른 행동을 조장해서는 안 된다.

442

- **accent** [ǽksent]
강세
- **fall** [fɔːl] **on**
해당하다

The accent falls on the second syllable.

강세는 제2 음절에 있다.

443

- **contribute** [kəntríbjuːt]
기부하다
- **fund** [fʌnd]
기금

Much money was contributed to the fund.

많은 돈이 그 기금에 기부되었다.

444

- **issue**
[íʃuː] 내리다
- **statement**
[stéitmənt] 성명
- **news agency**
[n(j)úːz èidʒənsi] 통신사

He issued a statement to news agencies.

그는 통신사에 성명을 발표했다.

445

- **assignment** [əsáinmənt]
숙제
- **engage** [ingéidʒ]
(시간을) 채우다

The assignment engages much of our time.

그 숙제는 많은 시간이 걸렸다.

Day 9

446

- **president** [prézidənt] 사장
- **engage** [ingéidʒ] 고용하다

The president engaged Susan as a secretary.

사장은 수잔을 비서로 고용했다.

447

- **professor** [prəfésər] 교수
- **survey** [sə(r)véi] 조사하다
- **region** [ríːdʒən] 지역

The professor surveyed population in the region.

교수는 그 지역의 인구를 조사했다.

448

- **commit** [kəmít] 범하다

He committed a crime against his will.

그는 그의 뜻에 반하는 죄를 범했다.

449

- **budget** [bʌ́dʒət] 예산
- **Diet** [dáiət] (일본, 스웨덴의) 국회
- **amendment** [əméndmənt] 수정

The budget passed the Diet without amendment.

예산안이 수정 없이 국회를 통과했다.

450

- **the accused** [əkjúːzd] 피고인
- **demand** [dimǽnd] 요구하다
- **trial** [tráiəl] 재판

The accused demanded a trial by jury.

피고인은 배심원에 의한 재판을 요구했다.

Check it out!

밑줄에 적당한 단어를 넣어 봅시다.

*[   ]는 본문 문장의 번호입니다.

□□□ _________ is seldom _________ to outsiders.
외부인은 좀처럼 입장을 허락하지 않는다. [411]

□□□ The _________ _________ Susan as a secretary.
사장은 수잔을 비서로 고용했다. [446]

□□□ The book _________ much _________ matter.
그 책에는 쓸모없는 내용이 많이 있다. [423]

□□□ The _________ has a very _________ style.
그 예술가는 굉장히 개성적인 스타일을 가지고 있다. [437]

□□□ Most of the companies _________ _________.
대부분의 회사들이 경비를 삭감하고 있다. [402]

□□□ This film _________ a popular _________.
이 영화는 인기 있는 여배우가 주연을 한다. [404]

□□□ Water in a _________ _________ is ice.
물을 고체화시킨 것이 얼음이다. [435]

□□□ The doctor can _________ heart _________.
그 의사는 심장병을 치료할 수 있다. [408]

□□□ How does a great _________ _________?
위대한 문명은 어떻게 생겨났을까? [418]

□□□ This _________ _________ some fine wines.
이 지방은 양질의 와인을 생산한다. [421]

☐☐☐ Much money was _______ to the _______ .
많은 돈이 그 기금에 기부되었다. [443]

☐☐☐ His _______ _______ my pride deeply.
그의 말은 나의 자존심에 깊은 상처를 주었다. [426]

☐☐☐ Her article didn't _______ any _______ .
그녀의 논문에는 출전이 인용되어 있지 않았다. [432]

☐☐☐ The _______ passed the _______
without _______ .
예산안이 수정 없이 국회를 통과했다. [449]

☐☐☐ He took a _______ _______ toward life.
그는 인생에 대해 긍정적인 자세를 취했다. [413]

☐☐☐ This _______ _______ the wrong address.
이 봉투는 받는 사람 이름이 틀렸다. [417]

☐☐☐ Their house is _______ to all _______ .
그들의 집은 모든 교통 기관과 가까워 편리하다. [438]

☐☐☐ Our company was _______ in two thousand.
우리 회사는 2000년에 설립되었다. [440]

☐☐☐ Fifteen _______ by three is five.
15 나누기 3은 5다. [428]

☐☐☐ The _______ achieved a great _______ .
그 기업가는 대성공을 거뒀다. [430]

오늘 외울 105 단어

slave	노예	obtain	손에 넣다
refuse	거부하다	routine	일상의
obedience	복종	advantage	이익
comment	논평하다	serve	봉사하다
current	현재의	local	지역의
negotiation	교섭	community	사회
tear	떠나다	thrive	번영하다
spot	장소	industrial community	공업 지역
bring back	가져오다	degree	정도
vary	변화를 주다	unavoidable	피하기 어려운
burden with	부담하다	dayuss	논의하다
tax	세금	in detail	상세히
responsible	책임 있는	compose	작곡하다
polite	우아한	common	일반적인
amusement	즐거움	opportunity	기회
movement	운동	lose	잃다
tend to	경향이 있다	forever	영원히
violent	과격한	rate	속도
visible	눈에 보이는	inflation	인플레이션
delicate	세련된	rate	요금
taste	취미	rather	약간
stock	주식	whole	전체
truly	정말로	close off	막다
lazy	귀찮은	bursts of laughter	갑자기 터진 웃음소리
routine	판에 박힌		

interrupt	중단하다	storm	폭풍
capture	포획	delay	미루다
take place	일어나다	inject	주사하다
act	연기하다	nutrient	영양제
character	(연극의) 역	leak	누설하다
right	권리	investigation	심사
remain	~대로이다	disguise	변장시키다
silent	침묵을 지키는	beard	턱수염
consumption	소비	estimate	추정하다
include	포함하다	billion	10억
government	정부	huge amount of	거액의
regulate	규제하다	Mercury	수성
disposal	처분	planet	행성
wastes	쓰레기	inhabit	살다
argument	논쟁	urban district	도시
compromise	타협	domestic	국내의
association	협회	policy	정책
bring	가져오다	require	필요로 하다
yell	소리치다	medical attention	치료
shout	외치다	employ	~에 종사하다
delight	기쁨	capital	자본
submit	제출하다	conclude	체결하다
manuscript	원고	treaty	조약
editor	편집자	ambassador	대사
fugitive	도망자	remove	해임하다
escape	달아나다	surface	표면상의
observation	주목	informality	허물없는 행위
darkness	어둠		
occurrence	발생		

Day 10

451

- **slave** [sleiv] 노예
- **refuse** [rifjúːz] 거부하다
- **obedience** [oubíːdiəns] 복종

The slave refused obedience to his master.

그 노예는 주인에 대한 복종을 거부했다.

452

- **comment** [ká(ː)mént] 논평하다
- **current** [kə́ːrənt] 현재의
- **negotiation** [nigòuʃiéiʃən] 교섭

He can't comment on the current negotiations.

그는 현재 진행 중인 교섭에 대해서 논평할 수 없다.

453

- **tear** [teər] 떠나다
- **spot** [spɑ(ː)t] 장소

She couldn't tear herself from that spot.

그녀는 그 장소에서 떠나지 못했다.

454

- **bring back** [briŋ bǽk] 가져오다
- **vary** [vέəri] 변화를 주다

He brought back lobsters to vary meals.

그는 식탁을 풍성하게 하기 위해 랍스터를 가지고 돌아왔다.

455

- **burden with** [bə́ː(r)d(ə)n] 부담하다
- **tax** [tæks] 세금

The people are burdened with heavy taxes.

국민에게 무거운 세금을 과하다.

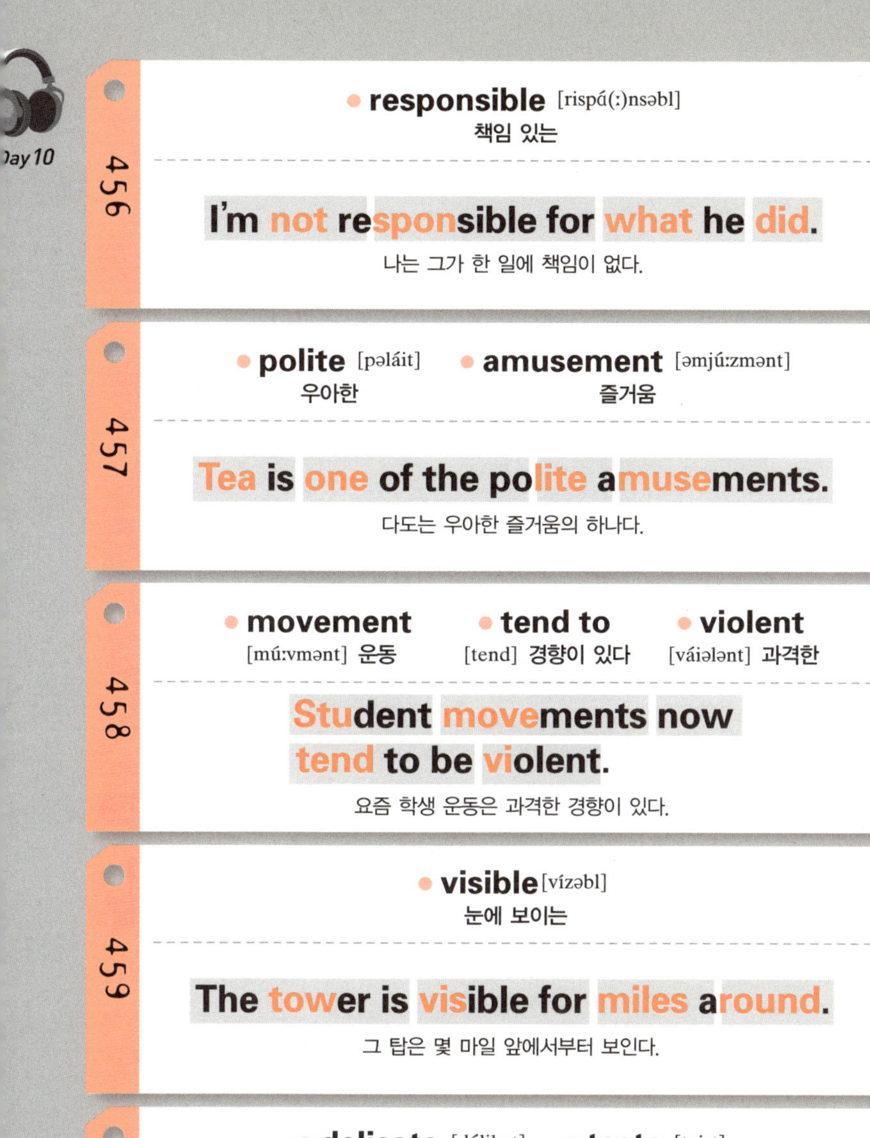

456

● **responsible** [rispá(:)nsəbl]
책임 있는

I'm not responsible for what he did.

나는 그가 한 일에 책임이 없다.

457

● **polite** [pəláit]
우아한

● **amusement** [əmjú:zmənt]
즐거움

Tea is one of the polite amusements.

다도는 우아한 즐거움의 하나다.

458

● **movement**
[mú:vmənt] 운동

● **tend to**
[tend] 경향이 있다

● **violent**
[váiələnt] 과격한

Student movements now tend to be violent.

요즘 학생 운동은 과격한 경향이 있다.

459

● **visible** [vízəbl]
눈에 보이는

The tower is visible for miles around.

그 탑은 몇 마일 앞에서부터 보인다.

460

● **delicate** [délikət]
세련된

● **taste** [teist]
취미

Sophie has a delicate taste in clothes.

소피의 옷 취향이 세련되다.

461

● **stock** [stɔ(:)k]
주식

● **truly** [trúːli]
정말로

That stock is a truly excellent buy.

그 주식은 정말로 잘 산거다.

462

● **lazy** [léizi]
귀찮은

One isn't lazy about what one loves.

사람은 좋아하는 것은 귀찮아하지 않는다.

463

● **routine** [rùːtíːn]
판에 박힌

She asked him a few routine questions.

그녀는 그에게 판에 박힌 질문을 몇 가지 했다.

464

● **obtain** [əbtéin]
손에 넣다

● **routine** [ruːtíːn]
일상의

Obtaining a passport is a routine matter.

여권 발행은 일상적인 업무이다.

465

● **advantage** [ədvǽntidʒ]
이익

This is of no advantage to me.

이것은 전혀 내게 이익이 되지 않는다.

Day 10

466

- **serve** [sə:(r)v] 봉사하다
- **local** [lóukəl] 지역의
- **community** [kəmjú:nəti] 사회

I want to serve the local community.

나는 지역사회를 위해 봉사하고 싶다.

467

- **thrive** [θraiv] 번영하다
- **industrial community** [indʌ́striəl kəmjú:nəti] 공업 지역

The town is a thriving industrial community.

그 도시는 번화한 공업 지역이다.

468

- **degree** [digrí:] 정도
- **unavoidable** [ʌnəvɔ́idəbl] 피하기 어려운

A small degree of error is unavoidable.

작은 실수는 피할 수 없다.

469

- **dayuss** [diskʌ́s] 논의하다
- **in detail** [dí:teil] 상세히

Let's dayuss the point in detail later.

그 점을 나중에 상세히 논의합시다.

470

- **compose** [kəmpóuz] 작곡하다

Mozart had a genius for composing music.

모차르트는 음악 작곡에 천재적인 재능이 있었다.

471
● **common** [ká(:)mən]
일반적인

Gold is a common material in jewelry.
금은 보석류에 널리 쓰이는 소재다.

472
● **opportunity**   ● **lose**   ● **forever**
[à(:)pə(r)t(j)ú:nəti] 기회   [lu:z] 잃다   [fərévər] 영원히

An opportunity once lost is lost forever.
한번 잃어버린 기회는 영원히 오지 않는다.

473
● **rate** [reit]   ● **inflation** [infléiʃən]
속도   인플레이션

The rate of inflation is slowing down.
인플레이션의 속도가 둔화되고 있다.

474
● **rate** [reit]   ● **rather** [ræðər]
요금   약간

In Japan, gas rates are rather high.
일본은 가스 요금이 약간 비싸다.

475
● **whole** [houl]   ● **close off** [klòuz ɔ́(:)f]
전체   막다

The whole area has been closed off.
이 지역 전체가 봉쇄되었습니다.

476

- **bursts of laughter** [bəː(r)sts] [lǽftər] 갑자기 터진 웃음소리
- **interrupt** [ìntərʌ́pt] 중단하다

Bursts of laughter interrupted his speech.

별안간 터진 웃음소리에 그의 이야기가 중단되었다.

477

- **capture** [kǽptʃər] 포획
- **take place** [tèik pléis] 일어나다

The capture of our ship took place last night.

우리 배가 어젯밤 포획되었다.

478

- **act** [ækt] 연기하다
- **character** [kǽrəktər] (연극의) 역

Who is going to act this character?

그 역은 누가 연기합니까?

479

- **right** [rait] 권리
- **remain** [riméin] ~대로이다
- **silent** [sáilənt] 침묵을 지키는

You have the right to remain silent.

당신에게는 묵비권이 있다.

480

- **consumption** [kənsʌ́mpʃən] 소비
- **include** [inklúːd] 포함하다

Consumption tax is included in the price.

소비세는 가격에 포함되어 있다.

Day 10

481

- **government** [gÃvə(rn)mənt] 정부 • **regulate** [régjəlèit] 규제하다 • **disposal** [dispóuzəl] 처분 • **wastes** [weists] 쓰레기

The government regulated the disposal of wastes.

정부는 쓰레기의 처리를 규제했다.

482

- **argument** [á:(r)gjumənt] 논쟁 • **compromise** [ká(:)mprəmàiz] 타협

The government settled the argument by compromise.

정부는 타협으로 논쟁을 진정시켰다.

483

- **association** [əsòusiéiʃən] 협회 • **bring** [briŋ] 가져오다

Would joining the association bring any advantage?

협회에 들어가면 어떤 이점이 있습니까?

484

- **yell** [jel] 소리치다 • **shout** [ʃaut] 외치다 • **delight** [diláit] 기쁨

The crowd yelled and shouted with delight.

군중은 기쁜 나머지 함성을 질렀다.

485

- **submit** [səbmít] 제출하다 • **manuscript** [mǽnjuskrìpt] 원고 • **editor** [édətər] 편집자

Ken submitted a manuscript to an editor.

캔은 편집자에게 원고를 넘겼다.

486

- **fugitive** [fjú:dʒətiv] 도망자
- **escape observation** [iskéip àbzə(r)véiʃən] 감시를 피해 달아나다
- **darkness** [dá:(r)knəs] 어둠

The fugitive escaped observation in the darkness.

도망자는 어둠 속에서 감시를 피해 달아났다.

487

- **occurrence** [əkə́:rəns] 발생
- **storm** [stɔ:(r)m] 폭풍
- **delay** [diléi] 미루다

The occurrence of storms delayed our trip.

폭풍 때문에 여행을 미뤘다.

488

- **inject** [indʒékt] 주사하다
- **nutrient** [n(j)ú:triənt] 영양제

The nurse injected the nutrient into me.

그 간호사는 나에게 영양제를 주사했다.

489

- **leak** [li:k] 누설하다
- **investigation** [invèstigéiʃən] 심사

Somebody leaked the results of the investigation.

누군가가 심사 결과를 누설했다.

490

- **disguise** [disgáiz] 변장시키다
- **beard** [biə(r)d] 턱수염

Jim is disguised with a false beard.

짐은 가짜 턱수염으로 변장하고 있다.

491

● **estimate** [éstimèit]
추정하다

● **billion** [bíljən]
10억

We estimated the damage at a billion won.

우리는 손해액을 10억 원으로 추정했다.

492

● **huge** [hjuːdʒ] **amount** [əmàunt] **of**
거액의

The boy had a huge a mount of money.

그 소년은 거액을 가지고 있다.

493

● **Mercury** [mə́ː(r)kjuri]
수성

● **planet** [plǽnit]
행성

Mercury is the smallest of all the planets.

수성이 모든 행성들 중에서 가장 작습니다.

494

● **inhabit** [inhǽbit]
살다

● **urban district** [ə́ː(r)bən dístrikt]
도시

Certain animals inhabit urban districts.

어떤 동물들은 도시에 산다.

495

● **domestic** [dəméstik]
국내의

● **policy** [pá(ː)ləsi]
정책

Alice studies domestic and foreign policy.

앨리스는 국내외의 정책을 배우고 있습니다.

Day 10

496

- **require** [rikwáiər] 필요로 하다
- **medical attention** [médikəl əténʃən] 치료

Your condition doesn't require medical attention.

당신의 건강 상태라면 치료는 필요 없다.

497

- **employ** [implɔ́i] ~에 종사하다
- **capital** [kǽpət(ə)l] 자본

Ann was employed in a foreign capital firm.

앤은 외국계 기업에 근무했다.

498

- **conclude** [kənklúːd] 체결하다
- **treaty** [tríːti] 조약

Korea concluded a peace treaty with China.

일본은 중국과 평화 조약을 체결했다.

499

- **ambassador** [æmbǽsədər] 대사
- **remove** [rimúːv] 해임하다

The ambassador removed an official for taking bribes.

그 대사는 뇌물을 받아서 공직에서 해임했다.

500

- **surface** [sə́ː(r)fəs] 표면상의
- **informality** [ìnfɔ(r)mǽlət] 허물없는 행위

American surface informality often confuses foreigners.

미국인들의 표면적인 허물없는 태도는 종종 외국인들을 당혹케 한다.

밑줄에 적당한 단어를 넣어 봅시다.

*[   ]는 본문 문장의 번호입니다.

□□□ Alice studies＿＿＿＿ and foreign ＿＿＿＿.
앨리스는 국내외의 정책을 배우고 있습니다. [495]

□□□ The government settled an ＿＿＿＿ by ＿＿＿＿.
정부는 타협으로 논쟁을 진정시켰다. [482]

□□□ An ＿＿＿＿ once ＿＿＿＿ is ＿＿＿＿ forever.
한번 잃어버린 기회는 영원히 오지 않는다. [472]

□□□ The boy had a ＿＿＿＿ ＿＿＿＿ of money.
그 소년은 거액을 가지고 있다. [492]

□□□ American ＿＿＿＿ ＿＿＿＿ often confuses foreigners.
미국인들의 표면적인 허물없는 태도는 종종 외국인들을 당혹케 한다. [500]

□□□ Ken ＿＿＿＿ a ＿＿＿＿ to an editor.
캔은 편집자에게 원고를 넘겼다. [485]

□□□ Somebody ＿＿＿＿ the results of the ＿＿＿＿.
누군가가 심사 결과를 누설했다. [489]

□□□ The ＿＿＿＿ of storms ＿＿＿＿ our trip.
폭풍 때문에 여행을 미뤘다. [487]

□□□ Who is going to ＿＿＿＿ this ＿＿＿＿?
그 역은 누가 연기합니까? [478]

Ann was ________ in a foreign ________ firm.
앤은 외국계 기업에 근무했다. [497]

The ________ ________ ________ to his master.
그 노예는 주인에 대한 복종을 거부했다. [451]

In Japan, gas ________ are ________ high.
일본은 가스 요금이 약간 비싸다. [474]

Tea is one of the ________ ________.
다도는 우아한 즐거움의 하나다. [457]

He ________ back lobsters to ________ meals.
그는 식탁을 풍성하게 하기 위해 랍스터를 가지고 돌아왔다. [454]

I want to ________ the local ________.
나는 지역사회를 위해 봉사하고 싶다. [466]

________ a passport is a ________ matter.
여권 발행은 일상적인 업무이다. [464]

That ________ is a ________ excellent buy.
그 주식은 정말로 잘 산거다. [461]

Gold is a ________ ________ in jewelry.
금은 보석류에 널리 쓰이는 소재다. [471]

Let's ________ the point in ________ later.
그 점을 나중에 상세히 논의합시다. [469]

The ________ of our ship took ________ last night.
우리 배가 어젯밤 포획되었다. [477]